YASUKUNI SHRINE

Takahashi Tetsuya

目次 Contents

第三章／

宗教問題 ——「神社非宗教」的陷阱 143

第五章／國立追悼設施的問題——問題的關鍵何在 249

導讀——國立交通大學副教授　藍弘岳

靖國神社與其相關問題涉及近代日本政治、社會、宗教、哲學、歷史(包括思想史)等領域的大問題，故可從各個角度來談，已有許多相關著作。本書則可謂是從哲學視角迫進靖國問題的著作。然而，雖說是哲學視角，本書實際討論的內容包括情感問題、歷史認識問題、宗教問題、文化問題和國立追悼施設的問題，幾乎涵蓋有關靖國神社討論的各種重要問題。而且，高橋的論述背後雖有其哲學背景與特定政治立場，但論述邏輯分明且內容清楚易懂。故其日文版非常暢銷，在該書出版的二〇〇五年已賣出二十八萬本[1]。所以，就深度、廣度和其易理解的程度來說，本書可說是近十幾年來有關靖國問題的最佳入門書。

雖說如此，高橋本人明顯從偏左(自由主義左派)立場[2]批判「大日本帝國」和與過去的「大日本帝國」有藕斷絲連關係的現代日本政治體制、社會乃至政府，故其言論並不見容於保守派的右翼政客、政論家、學者和具保守心性的一般民眾，及「日本遺族會」等特定擁護靖國神社的團體。該書出版後，在《諸君》《正論》《SAPIO》等右翼政論雜誌中，皆有批判的文章。其實，不僅立場偏右的政論家、學者批評該書，就連在政治立場上乃至思想可能會認同其書中大部分言論的學者也批評該書。例如：同樣任職於東京大學的小島毅教授在另一本討論靖國問題的著名著作中，便主張高橋的《靖國問題》一書缺乏「歷史」[3]。即缺乏從歷史（特別儒學思想史）視角來理解靖國問題的問題意識。用小島教授的話來說，高橋無疑是「摩登的人」（モダンな人）。他的論述主要是從其對近現代西方哲學的研究所導出的。這一點是我們在閱讀此書可仔細思考與參考的一個重點。

1 參見本書中收錄的〈靖國神社何以成為「問題」——中國大陸簡體版代譯校後記〉。

2 李依真，〈高橋訪談紀實〉，收入《犧牲的體系：福島・沖繩》（李依真譯，聯經，二〇一四），頁214。

3 小島毅，《靖國史観：幕末維新という深淵》（筑摩書房，二〇〇七），頁9。該書後出增補版《増補靖国史観：日本思想を読みなおす》（ちくま學芸文庫，二〇一四）。

其實，高橋哲哉是日本著名的德希達（Jacques Derrida，一九三〇到二〇〇四）思想研究者。他對當代日本問題的批判明顯繼承德希達對邏各斯中心主義的哲學、文化、社會中對於「他者」的排除、隱蔽的批判，及德希達對於「法」與「正義」的區別之論等。例如：他在一本解說德希達哲學的書（《デリダ——脱構築》）中就討論到德希達認為不同於人為創設的「法」，「正義」是朝向創設「法」的暴力所排除、壓抑使之沈默的特異他者的關係。「法」是可被解構的，但「正義」則不可能。他說：「解構就是肯定不可能解構之物。即是對正義的肯定」[4]。從而，在德希達對於他者、正義等論述的引導下，高橋追尋其認定的「正義」，展開其自身的日本批判，期待救贖被日本排除、遺忘的「他者」（包括臺灣、韓國的慰安婦等）。

又據高橋自身的自述，引導他走向當代批判哲學研究之路的，是日本著名法國哲學研究者森有正（一九一一到一九七六）對於杜斯妥也夫斯基（一八二一到一八八一）《罪と罰》等小說中關於罪與罰和基督教救贖等問題的哲學探究[5]。所以，杜斯妥也夫斯基文學及背後的基督教思想與文明也是我們要理解高橋哲學的線索。其次，當代重要政治思想家漢娜・鄂蘭（Hannah Arendt，一九〇六到一九七五）對於戰爭責任、戰後責任和對意圖否定猶太人大屠殺記憶的歷史修正主義者的批判等，也是其重要的思想來源。另外，伊曼紐爾・列維納斯（Emmanuel Lévinas，一九〇六到一九九五）的他者論等也是他常引用的思想資源。高橋在《戰後責任論》[6]等書中，就是利用這些二戰後歐洲有關戰爭責任、戰後責任、戰爭記憶等的哲學批判研究及其背後的西方哲學思惟與方法來討論二戰時期同為帝國主義國家日本的殖民統治責任、戰爭責任、戰後責任，和批判冷戰結束後在上世紀九〇年代日本興起的歷史修正主義風潮等問題。《靖國問題》是在這些研究與論述的延長中出現的。但如前所述，《靖國問題》討論的不僅是靖國神社本身的問題，也牽涉到東京審判、和平憲法、歷史認識、戰後責任等二戰後日本重要的政治思想論爭問題，更觸及支持著過去「大日本帝國」的「國體」問題，所以其

4 高橋哲哉，《デリダ——脱構築》（講談社，一九九八），頁201。
5 李依真，〈高橋訪談紀實〉，頁202、203。
6 高橋哲哉，《戰後責任論》（講談社，二〇〇五）。

衝擊力特別大。

由於該書的內容豐富，不管讀者關心的是哪方面的問題，大概都能在此書中，找到想要的一些資訊。但筆者以為本書的讀法之一是，看高橋如何以一種淺顯易懂的方式運用當代西方哲學思想為資源來討論日本的問題。這點我想是臺灣的讀者可以參考與學習的。例如：高橋從前述當代西方哲學提煉出「犧牲的邏輯」「犧牲的體系」等重要的批判性概念。《靖國問題》精彩處便是，高橋運用「犧牲的邏輯」來解釋「靖國問題」。對高橋來說，靖國思想從來就不單純只是源於日本獨特的歷史、社會與文化，而是與其他保有軍隊備戰的近代或歷史上所有國家之治理一樣，都是一種動員國民參與戰爭的「感情的鍊金術」。即藉由顯彰為國家犧牲，特別是加入軍隊戰死之人為英雄（「英靈」）的方式，使死者家族轉化其悲哀情感，進而更鼓勵其他國民的名譽情感，願意奉獻生命來保護國家。這種「感情的鍊金術」之所以有效正是因為其中貫穿了「犧牲的邏輯」，運用了「犧牲的修辭學」。「犧牲的邏輯」存在於基督教的殉教思想，存在於要求「為祖國而死」的近代國家乃至古希臘羅馬的國家思想，也存在高橋在本書言及的日本淨土真宗思想（第一章）和古代中國的儒教思想（後述）。當然，他們各自的思想內容是有極大差異的。

就高橋的問題視角而言，過去的「大日本帝國」（天皇制國家）就是被嵌入「犧牲邏輯」的一種「犧牲的體系」，靖國神社正是使「犧牲的邏輯」能運作的主要場所與機制，而二戰後在和平憲法的理念下，理應已與國家切割成為純粹宗教法人的靖國神社依然是舊日本天皇制國家的意識形態存在之所，依然可能用來動員戰爭。正因如此，其必然承載日本獨自的歷史、社會與文化。這是《靖國問題》一書中比較沒有深入討論的部分。其中的一個原因是，他反對將靖國問題單純視為日本獨特傳統文化以逃避來自他國的批判等。這也是他對當時的首相小泉純一郎和其他閣員關於靖國神社的言論之批判要點（見本書第四章）。而且，他也認為不能以靖國神社代表整個日本文化，日本文化中存在如「怨親平等」等與靖國神社不同的對待死者之思想。他的反對有其道理，但我們還是必須從日本的歷史與文化視角來理解靖國神社。

事實上，支持靖國神社的重要思想根源是「國體」思想。日本思想史中所謂的「國體」，據其抽象意義而言，是指日本建國時的基本組織與原理，即「國體」思想訴諸於日本神話與歷史，意指自神代以來由奉天照大神神勅的天皇統治的體制，但那也是始於十九世紀中期的後期水戶學的發明。實際上，在明治初期靖國神社創設之初，主要的被供奉者是表面上獲得天皇支持，屬於明治維新中勝者一方的「官軍」。這是因為屬於「官軍」的長州、薩摩等藩的志士與公家貴族充分運用源於後期水戶學的「國體」思想，創設出「大日本帝國」體制及靖國神社這一運用「犧牲邏輯」的場所[7]。依此「國體」思想建構出來的靖國神社中供奉的「神」(「英靈」)必須是為護持天皇統治的「國體」而死之人。這實際有違於日本傳統中勝敗雙方皆祭祀的「怨親平等」思想，或祭祀怨靈的「御靈信仰」。而且，在過去「大日本帝國」特殊的祭、政、教一致的政治體制中，對天照大神和為天皇統治之國家犧牲生命的戰死者的信仰被解釋為祭祀而非宗教，從而使得在該體制雖表面維持政教分離原則，然實際上宗教皆被迫從屬於以伊勢神宮和靖國神社為首的國家祭祀體制之中[8]。

也正是因為此種擁護「國體」的思惟，所以靖國神社會拒絕來自於臺灣原住民團體、日本的基督教信徒、韓國的二戰日本兵遺屬等要求取消將其祖先合祀的請求。因為不管他們在生前的出身、階級、信仰為何，不管他自身是否真的打從心底希望為天皇奉獻其生命，只要他們是因為參與護持「國體」的戰爭而戰死的，就必須平等且一體地被供奉在靖國神社，無法被切割抽出。對於這樣被平等且慎重地對待有許多家屬心裏非常感激，但對於不願意被合祀的遺屬來說，那是極其自以為是且傲慢的處理方式。事實上，靖國神社的做法不僅傲慢，且是以天皇及皇族為絕對優越的思想為前提來處理的。首先，在被認為是不可分割的神座供奉的二四六萬六五三二柱神中，其實並不包括在戰爭死亡的皇族。即原本是臺灣神宮和臺南神社祭神的北白川宮能久親王和蒙彊神社（張家口）祭神的北白川宮永久王在二戰後被合祀於靖國神社，然因其皇族

7　有興趣的讀者可閱讀米原謙，《國體論はなぜうまれたか：明治國家の知の地形圖》（ミネルヴァ書房，二〇一五）。

8　有興趣的讀者可閱讀安丸良夫，《神々の明治維新：神佛分離と廢佛毀釋》（岩波書店，一九七九）。島薗進，《國家神道と日本人》（岩波書店，二〇一〇）。

身分，實際上的做法是另設一神座供奉之。

另外，在本書中，高橋介紹了一段靖國神社在回答「基督教徒遺族會」要求中止合祀時的一段陳述：「（我們是）據天皇意向（天皇の意志）來合祀戰死者的，和遺屬意向無關，故不能撤銷」[9]。由此可知，天皇意向才是最高原則。只要天皇同意，是可能中止合祀的。然而，問題絕非如此簡單。因為就算是在「大日本帝國」時期，所謂「天皇意向」也不會是單指在位天皇個人的政治決斷，而經過複雜的政治機制生產出來。「天皇意向」是受制於「國體」思想與體制的。

按上所述，就日本歷史與文化的角度來說，支持靖國神社的是「國體」思想與其邏輯的運用。其中也包括高橋強調的「犧牲的邏輯」。只不過，「國體」思想中「犧牲的邏輯」的思想來源自然不是基督教或希臘羅馬思想，而其源流之一當是歷經日本儒者重新詮釋過的古代中國儒教思想。至少我們在可將其源流追溯到《禮記》〈祭法〉中「夫聖王之制祭祀也，法施於民則祀之，以死勤事則祀之，以勞定國則祀之，能禦大菑則祀之，能捍大患則祀之」這段文字。又如《左傳》中有云：「國之大事，在祀與戎」。「大日本帝國」的體制思想貼近這段表述古代中國歷史的文字。但從《左傳》和《禮記》〈祭法〉中的思想到大日本帝國中的靖國思想有許多的曲折發展，這不是此一短文能交代清楚的[10]。筆者所欲強調的是，靖國思想中「犧牲的邏輯」有同於當代西方哲學所能闡述的部分，但也有只能深入「歷史」（思想史）才能真正理解的部分。不管如何，我們不能簡單相信靖國思想是完全屬於日本獨特的歷史與文化的，也不能僅將之放置在東亞思想史脈絡中理解，而不注意其中含有極其近代和普遍的國家治理技藝、思想的部分。這一部分可動用當代西方哲學來解構以追尋「正義」。筆者認為《靖國問題》的貢獻就在這一部分。

當然，「犧牲的邏輯」不會只存在於極權國家中，也存在於民主國家中。過去殖民地時期的臺灣被捲入「大日本帝國」以靖國神社為首的「犧牲的邏輯」中，戒嚴時期的臺

9 高橋哲哉在本書第三章轉引自角田三郎，《靖國と鎮魂》（三一書房，一九七七）。

10 有興趣的讀者可閱讀小島毅，《增補　靖國史觀：日本思想を讀みなおす》。

灣也存在忠烈祠等運作「犧牲的邏輯」的場所。解嚴後的臺灣依然有政黨、個人欲供奉為臺灣民主化付出崇高犧牲的模範。又如我們也可以思考當代臺灣的電影是否存在著反覆這種「犧牲的邏輯」的情況？所以，此書所討論的內容雖是日本問題，但完全可以從臺灣視角來理解。

然而，話又說回來，在日本本身的保守主義力量已較十幾年前大增，且據聞日本首相乃至許多其內閣閣員也與神道相關宗教組織關係密切的現在，閱讀此書當有助我們理解日本政治背後的宗教文化因素。

推薦序——《表裏日本》《風雲京都》作者　蔡亦竹

靖國神社。這個燃燒的聖堂。

在日本的神道信仰中再沒有比靖國神社更能挑動日本國內左右翼的感情甚至整個東亞的政治情勢的宗教設施了。之所以稱為「設施」是因為靖國神社的「人工打造」色彩遠重於其他神社。一八七二年竣工的東京招魂社原本就是為了祭祀明治維新以來為國捐軀的英靈們，神社的祭神裡並未包括過去的舊幕府軍、甚至以維新元勳西鄉隆盛為代表的西南戰爭鹿兒島軍犧牲者。一八七九年在明治天皇引據中國古典的命令，下東京招魂社改名為靖國神社，而各地的招魂社則改名為護國神社。

這間本殿比照古式神明造、但拜殿又是神道體系化後的入母屋造神社，從落成的瞬間就充滿了國家意志。

但是敗戰之後這間神社又成為了「單立宗教法人」，以神道信仰靈廟方式留存了下去。進入靖國神社的英靈遺族們人數龐大到了可以組成「遺族會」，甚至可以左右國內重大選舉的結果。在一九八五年的中曾根康弘正式參拜前不只所謂鄰近國家對日本首相參拜靖國沒有反應，甚至民國四十五年四月十九日中華民國的立法院院長張道藩一行在當時的駐日大使張厲生陪同下，還曾前往靖國神社參拜。

祭祀英靈的靖國神社沒有毀在六年間的GHQ日本佔領時期，卻在八〇年代之後成為牽動東亞國際關係的信仰要塞。其風波甚至多次延伸至臺灣，前總統李登輝參拜靖國時也挑起了臺灣兩大極端的對日感情對決。但是臺灣人對於靖國神社的理解卻常停留於「軍國主義的象徵」一點而未有深度且客觀的探討。

高橋哲哉的著書無疑是對於這種酒精度強烈的意識形態的一帖良藥。或許在左右思想對立強烈的日本，偏自由派的高橋著書常被批評為「左翼思想」或是「賣國主義」，但是身為臺灣人的我們實在不須跟著日本的政治口水起舞。本書不管是以「遺族會」作為代表的英靈遺族們對於靖國神社的情感，或是甲級戰犯合祀的對錯與詳細的爭論過程，甚至是日本國內至今仍然爭論不休的國立追悼設施問題，本書都有深入淺出而詳盡的論述。對於臺灣讀者而言，靖國神社問題一直是個傳統與普世價值、信仰與政治現實交錯的複雜問題。這個問題如果沒有詳細的背景說明和論述作為輔助常會讓臺灣讀者們對靖國神社作出簡單的二元論判斷。如果考慮到臺灣與日本間的密切關係和靖國神社問題對於日本的重要性，這種二元論觀點都是不太健康的。雖然因為前述的靖國神社特性讓日本國內也不乏「愛之欲其生、恨之欲其死」的極端觀點但是本書的論述相對客觀也可以讓臺灣讀者們更清楚了解這座人工神殿的歷史脈絡、及其當前所面對的問題。

「死後在靖國再見吧！」

這是二戰期間神風特攻隊等為國戰死的年輕人互道今生離別時的愛用句。姑且不論大戰期的日本軍部是否失策失能，但是祭祀這些純粹靈魂的靖國神社如果被掛上「軍國主義幽靈」時來自一般民間的反彈是可想而知的。至於被認為是引發大戰的甲級戰犯們同時也被祭祀在這座神道堡壘裡，也同時引起了神道「人不論善惡死後都能成神」的信仰論是否成立、以勝者身分審判敗者的東京大審是否具有正當性的論爭。某種程度上被二戰結果決定命運的臺灣人們雖然不必親身涉入這種幾近不毛的議論中。但是了解這些論戰的前因後果，卻有助於我們更了解日本這個國家從近代到現代的意識形態發展過程。而高橋哲哉的「靖國問題」就是我們了解這個政治、信仰、社會、國際關係糾葛的問題最佳入門。

歡迎進入這個東京九段坂上的「英靈」聖殿。

推薦序——《明智光秀與本能寺之變》作者　胡煒權

「靖國神社」的問題在近三十年來，一直成為東亞地區諸國的爭論話題。眼下通過新聞媒體報導日本首相、議員前往「惡名昭著」的靖國神社參拜，迅即成為中、臺、港、韓四地政府、媒體批判的焦點。

然而，對於早已遠離那場大戰的被害人後代而言，我們只是一個旁觀者。「靖國」早已變成一個含糊的，禁斷的新聞名詞，或者說，它充其量就是一個或許會在教科書裡出現，空洞冰冷的單詞而已。只是，每當這個詞出現在新聞節目裡，我們看著義憤難填的示威者、義正辭嚴的國家發言人去說，去批判，去指責，我們卻始終都無法感受他們的怒吼，唯有空洞的民族感情及共理心勉強地牽引著我們去反應過來。

雖然說，每當提到與日本的關係及近代歷史時，永遠是逃離不了日本發動戰爭的事實，不管是中國、還是曾經成為日本殖民地的臺灣和朝鮮半島，那場戰爭都為當地人留下了一道深深的烙印。到現在我們仍然是為了那段歷史，以及日本人對那段歷史的曖昧態度耿耿於懷。無可否認，我們都很想知道另一邊的日本人是怎麼想的，然而，目前所見的資訊中，大部分只有軍國主義支持者、或者是批判者的片面之辭，兩者之間永遠處於互不交錯的平衡線上，最終的結果就是加深了我們對「靖國神社」的負面感情，將「靖國」、「軍國主義」與日本人牢牢的綑綁在一起。

幸然，本書的作者高橋哲哉教授，以哲學思想家的眼光，以及誠心支持日本走向完全和平、承認戰爭責任的日本人學者的身份，利用他的專業角度，用非常平實易明的語言，全方位的剖析了明治時代以來「靖國」思想的內涵及構造，一語道破了靖國思想背後的獨善，以及「大義」的虛構。

作者作為長年著力分析研究戰後日本二戰思想觀念，以及戰爭責任的思想形態的學者，對於日本從戰前、戰中到戰後怎樣孕育出「靖國」思想，而這種思想又怎樣一步一步滲透、入侵了日本人的心靈，繼而成為一種超越思想、宗教的狂熱信仰的過程，都有一針見血的見解。類似的觀察縱然在華文世界也有，但卻遠遠不夠日本人自身的觀察自省來得深刻及立體。這是因為華人難以全面的、冷靜地解構明治維新後的日本人的精神面貌。

因此，借助作者的引領，從感情、歷史認識、宗教、文化四個角度深入地看到日本人義無反顧地走入引發戰爭的原因，以及蘊藏在其中的矛盾。我們會看到他們是怎樣被灌輸為犧牲而感到喜悅及光榮，同時又因此被奪去了哀慟及悲痛的權利。這種矛盾的思想是通過教育以及國家機器，從不同角度及方法長時間地入侵人民的骨髓及意志的。即使在戰爭結束後，依然像一個結界、封印一樣，使參與過的，沒有參與過的日本人牢牢地困在其中。

透過作者的比較分析，讀者會猛然看清這種綑綁並非只存在在日本之中，我們所有人亦同樣有機會成為這種模式下的階下囚，那時候狂熱及迷信的日本人對於我們這些高歌民主社會的現代人而言，乍看起來一笑而止，然而細閱之下，讀者們會發現我們與那時的日本人其實只有一線之差。回看昨今的時事，我們會猛然驚覺自己也會為了一點的心靈慰藉、他人附加的價值觀及大義，義無反顧地做出一些意想不到的行為。

作者以更高的層次及視野，在本書中既精闢地道出「靖國」問題難解的原因，乃在於當今日本再趨右傾的政治格局，而並非在於日本人的歷史認識及歷史觀。同時，更讓人不得不佩服的是，本書原版在十年以前成書，當時作者便已預見了「靖國」問題將會越來越複雜及走向現時那般的極端，甚至在當時便已清楚地點出了立場右傾的當政者將會採取什麼手段，進一步滿足、達成他們的「靖國」夢。作者看破未來的洞察力及分析是本書又一個精妙之處，實在叫人拍案叫絕。

本書道出了要了解一段歷史的過去及現在，才能對它作出合適的、負責任評價的道理。要看待歷史問題，以及在歷史教育中為下一代說明一個相對適當的歷史真相，以及正確的價值觀，是至難之業。這是因為國家的立場、民族的立場在教育之前早已預設了框架。更為可惜的是，礙於當前的國際政治局勢，各國政府及政客就著自身的政治、外交立場及利益，肆意地消費歷史，要麼口誅筆伐，要麼含糊其辭，要麼混水摸魚……。

作者在本書中通過種種細膩、精準的觀察及預測都反映了「靖國」問題難解之處，只是部分有心者的固執及虛妄。讀者將會理解到政府的外交辭令及政客的陳腔濫調都對解決「靖國」問題於事無補，民主社會下的我們更應挺身而出地介入，讓問題在政治層面以上得到解決的機會。

對於想了解什麼是「靖國」，應該如何解決及面對「靖國」問題，以及從中的啟示的讀者而言，本書絕對是能夠引發思考的佳作。

序言

「靖國」問題，它具有什麼樣的意義，對此我們真的瞭解嗎？

二〇〇一年夏，日本首相小泉純一郎首次參拜靖國神社，使「靖國問題」再一次受到人們的關注。

然而，首相參拜靖國神社為什麼會成為一個問題，對此真正知道的人並不多。而且，連知道靖國神社是一個什麼樣的神社的人也為數很少。如果不瞭解靖國是一個什麼樣的神社，就無法理解首相參拜靖國神社為什麼會成為問題。不理解參拜為什麼會成為問題，也就談不上對這個問題持有自己的見解。

目前，由靖國神社引起的問題已經陷入泥沼，完全看不到解決的眉目。我寫這本書的目的在於為那些想在這個問題上持有自己的見解的讀者們提供一些思考的線索。

我是研究哲學的，不是歷史學家。要想瞭解靖國神社是什麼，就不能不瞭解它的歷史。然而，本書的中心不在於此。本書在介紹靖國神社的歷史的基礎上，把重點放在從邏輯上闡明「靖國問題是什麼」、「應該怎樣就這個問題進行思考」。

本書各章的內容概要如下。

第一章《情感問題》指出，靖國神社是通過「感情的煉金術」把戰死的悲哀變成幸福的一個轉化裝置，靖國神社最大的作用不在於對戰死者的「追悼」，而是對戰死者的「彰顯」。

第二章《歷史認識問題》指出，「甲級戰犯」分祀即使能夠實現，那也只能說在日本和中國、韓國之間達成了一種政治解決，至於靖國神社的歷史認識問題，應該不僅僅局限於戰爭責任問題，而要將其作為殖民主義的問題來掌握。

第三章《宗教問題》首先探討有關憲法規定的政教分離問題的歷史演變，論證「神道非宗教」話語在確立靖國信仰和國家神道上發揮的作用，指出不可能實現靖國神社的非宗教化，而靖國神社的特殊法人化，也是一條通向使「神社非宗教」死灰復燃的危險之路。

第四章《文化問題》批判江藤淳從文化角度對靖國神社問題的論述，並指出從文化角度討論靖國問題的議論中存在的問題。

第五章《國立追悼設施問題》探討有關設立「非宗教的新的國立追悼設施」來取代靖國神社的各種議論、《追悼與祈禱和平懇談會》報告建議設立的新的追悼設施為什麼會成為「第二個靖國」、指出不戰誓言和明確戰爭責任的新追悼設施方案中存在的問題，以及對千鳥之淵戰歿者墓地、和平之礎等應該怎樣評價等問題。

靖國問題的確是一個十分複雜的問題，我們至少應該從以上幾個方面進行認真探討，否則將難免陷入迷途。為了尋找解決問題的途徑，本書將盡可能詳細地就這些問題進行探討。

下面就請閱讀第一章吧。

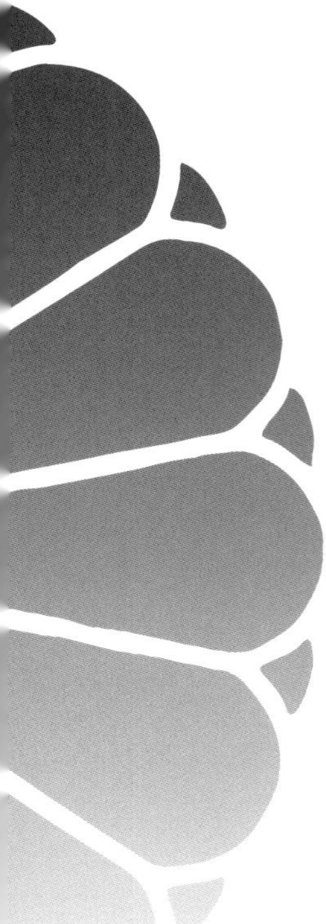

第一章／情感問題

在追悼與彰顯之間

01．強烈的遺屬情感

靖國問題之所以成為一個複雜的問題，最大的原因在於它是一個「情感」問題。而情感問題的要害又是「遺屬情感」問題。

岩井益子的丈夫陣亡後被合祀在靖國神社，二〇〇一年四月十九日，她向大阪地方法院提起了訴訟。二〇〇一年八月十三日，小泉純一郎在就任首相後首次參拜了靖國神社，對此，六三九名日本人、韓國人向大阪地方法院提起訴訟，要求法院判決首相參拜為違憲行為、要求首相停止參拜靖國神社、並為侵害原告的宗教人格權向原告支付賠償。這次訴訟和其它類似訴訟不同的是，除了首相和國家之外、靖國神社也被告上了法庭。相反，支持首相參拜的人們則依據民事訴訟法第四十二條「裁判輔助參加」的規定，為靖國神社辯護。岩井益子提起的訴訟便是其中的一例。

岩井的申訴由七個部分構成。1，成長經歷與結婚；2，對新婚生活的回憶；

在靖國神社等候御羽車（載有陣亡者名單的車）到來的遺屬們。
（攝於一九四一年十月／每日新聞社提供。）

3，出征、戰爭結束、戰死通知；4，丈夫的陣亡；5，祭奠之旅；6，我與靖國神社；7，關於此次訴訟。在第七部分中有如下一段內容。

近來，反對首相於去年八月十三日參拜靖國神社的人們，在全國各地提起了訴訟，尤其在大阪，竟然連靖國神社也成了被告。我們作為遺屬，決不能對原告們的意見置若罔聞。因為它激起了像我這樣的靖國之妻以及幾乎所有遺屬們的憤怒和血淚。

如果有人說首相參拜靖國神社給他們的心靈造成了創傷的話，那麼，靖國神社像現在這樣得不到國家的保護、首相因為顧慮外國的反對而不能按照自己的意願進行參拜、而且也得不到天皇陛下的親自參拜，作為靖國之妻，我受到的心靈創傷又何止幾萬倍、幾億倍。丈夫生前從不懷疑假如自己戰死的話一定會被祭奠在靖國神社，他就是懷著這樣的信念奔赴戰場的。對我來說，靖國神社受到玷污，這比我自己受到玷污還要恥辱幾億倍。為了我所愛的丈夫，這也是絕對不可饒恕的。要玷污靖國神社的話，還不如把我殺死一百萬次呢。**只要聽到哪怕是一句謾罵靖國神社的話，我的身體就像是被劈開了似的，全身的熱血倒流，溢出體外。放眼望去，我的熱血變成了戰士們的血的海洋，向四周蔓延開去**（加粗處為原文所有，下同）。

在公審過程中宣讀這份訴狀時，法庭上一片寂靜。從岩井的申訴中，人們看到了遺屬情感強烈的噴發。對於在戰後半個多世紀的歲月裡始終自認為「靖國之妻」的岩井來說，「哪怕只是聽到一句謾罵靖國神社的話」，「我的身體就像是被劈開了一樣，全身的熱血倒流，溢出體外。放眼望去，我的熱血變成了戰士們的血的海洋，向四周蔓延開去」。

02．不同情感之間的對立

也許有的讀者會認為，這是事先經過策劃而寫成的提交給法庭的訴狀，所以其中難免有誇張和潤色的成分。這一點當然不能完全否認。但是，不能因為證詞中有誇張和潤色的成分，就否認證詞的有效性。這是對待證詞應有的基本態度。如果簡單地把這些一概視為過激之辭而置之不理的話，就無法對靖國問題進行深入分析。

此外，如果認為既然遺屬們對靖國神社始終抱有如此強烈的情感，那麼首相就應該去參拜靖國神社、以慰藉他們的心靈的話，那也同樣是操之過急的想法。因為對靖國神社始終懷有強烈情感的人，決不僅僅限於這一類遺屬。在這起訴訟中，原告的日本人遺屬們指出，首相的參拜損害了他們的宗教人格權，為此要求得到賠償。東京訴訟的原告們稱，首相的參拜使他們患上了PTSD症（由精神創傷引起的緊張性情緒障礙），要求得到賠償。在日本人遺屬中，也有一部分人因首相的參拜在精神上受到傷害。

第二，具有決定意義的一個重要問題，是在與靖國神社有關的日本軍發動的戰爭中受到巨大傷害的亞洲其他國家的人們的「情感」問題。以大阪地方法院的另一起與小泉參拜靖國神社有關的訴訟為例，作為原日本軍的軍事、文職人員應徵參加太平洋戰爭而戰死的臺灣人的二三六名遺屬，控告首相、日本政府、靖國神社，要求法院做出同樣的判決。對此，大阪地方法院於二〇〇四年五月十三日做出判決，駁回了原告們的上訴。第二天的《朝日新聞》刊載了臺灣人原告高金素梅流著眼淚抨擊該判決為「錯誤判決」的大幅照片。高金素梅出身於日本殖民統治時期被稱為「高砂族」的原住民部落泰雅族，當過歌手、演員，後來成為立法委員（她的泰雅族名字為吉娃斯．阿麗）。

據原厚生省統計，在日本統治下的臺灣，約有二〇七萬七千人在戰爭中作為軍事、文職人員被徵用，其中有三萬人死亡。原住民以「高砂義勇隊」的名義被徵用參加太平洋戰爭，戰死者中有不少被合祀於靖國神社。高金素梅是因一個偶然的契機而參與小泉靖國訴訟的。有一天，她在朋友處看到一張照片，照片上的日本兵即將砍下一

得知靖國訴訟大阪地方法院一審判決結果後，高金素梅流下了眼淚。
（朝日新聞社提供。）

個泰雅族勇士的腦袋。這張照片使她第一次瞭解到日本對臺灣原住民鎮壓的歷史——即後面將要提到的所謂「臺灣理番」。從那時起，高金素梅在從事議員活動的同時研究歷史，她說：「我的祖先被日本軍國主義送上了戰場，靖國神社把高砂義勇隊的犧牲者和作為加害者的日本軍人放在一起祭奠，還有比這更令人屈辱的事嗎？」

我的案頭上放著一本在臺北購得的題為《無言的幽谷》的照片集，編者就是高金素梅。書中收入了從日本軍隊以「臺灣理番」——即征伐臺灣的野蠻人——之名深入臺灣的崇山峻嶺，襲擊和鎮壓原住民、到慶祝勝利的許多令人震驚的照片。這本書的開頭刊載了高金素梅寫的題為《我是誰！》的序言，還有那張即將砍下泰雅族勇士腦袋的日本兵的照片。在序言中，她首先談到自己三十八歲時第一次知道那令人恐怖的濺滿鮮血的歷史時所受到的震撼以及由此開始研究歷史的經歷。關於當時受到的震撼，她是這樣描述的：**「看啊，看啊，我的皮膚上冒起了雞皮疙瘩，淚水從我的眼裡向外流淌，熱血往上湧，直沖腦頂。我終於清楚地知道自己到底是誰了」**。

我們無法忽視，在中國、韓國等亞洲國家的政府和媒體對日本的首相參拜靖國神社發出抗議的背後，存在著在日本的殖民統治之下或在日本發動的侵略戰爭中失去生命的戰死者的遺屬和他們的子孫們的憤怒和悲哀，無法忽視他們的巨大「情感」。日本人有「遺屬情感」和「國民情感」，亞洲國家也有他們的「遺屬情感」和「國民情感」——如果情感可以進行量化比較的話，應該說後者的情感是前者的好幾倍。

岩井益子說，「哪怕只是聽到一句謾罵靖國神社的話，我的身體就像是被劈開了一樣，全身的熱血倒流，溢出體外。放眼望去，我的熱血變成了戰士們的血的海洋，向四周蔓延開去」。

可是，亞洲國家的遺屬們也會這樣喊：「只要一聽到日本的首相去參拜靖國神社，我的身體就像是被劈開了一樣，全身的熱血倒流，溢出體外。放眼望去，我的熱血變成了犧牲在日本軍刀槍下的家人、同胞們的血的海洋，向四周蔓延開去」。

圍繞靖國問題，各種情感相互交錯著，即使是遺屬情感也不能一概而論。日本的遺屬情感和亞洲國家人民的遺屬情感並不單純是兩相對峙的。在日本，有像參加靖國參拜違憲訴訟原告團的遺屬們那樣的「反靖國」的遺屬；在臺灣，也有像泰雅族出身的陳美玲那樣在靖國參拜違憲訴訟中支持靖國神社的「輔助參加者」。在認識到存在如此複雜的「遺屬情感」之後，我們必須看到，靖國問題的核心在於兩種遺屬情感之間的深刻對立，一種是為戰死的家人被合祀在靖國神社而感到喜悅，對此持肯定態度的遺屬情感，另一種是為戰死的家人被合祀在靖國神社而感到悲痛，對此持拒絕與否定態度的遺屬情感；同時我們還必須看到，存在於對前一種或後一種情感產生共鳴的人們之間的情感對立。我們必須正視這些情感的存在，盡可能「理解」它們是如何產生的，從而在此基礎上形成自己對靖國問題的看法。

03．靖國與「血」

「灑盡血淚」、「全身的熱血倒流，溢出體外」等和「血」有關的詞句，使岩井益子的申訴予人誇張的感覺。然而，「戰士們的血的海洋」這句話裡，卻包含著思考靖國神社問題時不可或缺的要素。「護國之神」、「英靈」、「散華[1]」等等彰顯之辭，「奠定戰後日本繁榮之基礎的高貴的犧牲者」等儀式上的常用的語句，以及最近出現的關於重視靖國神社作為相撲公演、民間廟會場所的娛樂、文化功能的論調，這些都容易使人忘記在靖國神社的背後有著被合祀的大約二百五十萬戰死者的「血的海洋」，以及被包括這些人在內的數百萬日本軍官兵殺害的數千萬亞洲國家的死傷者們的「血的海洋」。

在岩井益子的申訴和高金素梅《無言的幽谷》的序言裡，都出現了「血」的形象，這決不是一件偶然之事。離開日本軍發動的戰爭造成的無數人的「血的海洋」，就無法談論靖國神社和靖國問題。一九四四年四月十一日，在太平洋戰爭期間，日本基督教團發行的《日本基督教新報》上，刊載了一篇題為《靖國的英靈》的社論，裡面有這樣一段內容：

在南海之涯、大陸之奧，二萬五千名忠誠勇武之士為天皇獻出了生命。今天，為祭奠二萬五千名英靈舉行招魂之儀，帝都（即東京——譯者注）籠罩在一片肅穆的氣氛之中。

……

今天，戰事愈演愈烈，決戰一場接一場，（是陣亡者們）奉獻出的鮮血保衛著國民的生活。怎樣才能表達我們的感激之情啊。

1 散華：鮮花凋謝之意，此處指士兵在戰場上戰死。（本書注釋均為譯者所加）

只有按照日本的傳統把英靈奉祀為神，才能體現血的崇高。在其它國家，為國家奉獻的鮮血同樣也受到尊崇。他們建造紀念碑，行人過往時向紀念碑脫帽，致以誠摯的敬意。但是，惟有日本，將為國捐軀者奉贊為神、賦予血以崇高的意義。

這是因為，日本國民具有賦予鮮血以崇高而深遠意義的優秀的國民品質，也是因為奉獻出崇高鮮血的人們的崇高的精神在戰場上得到高度發揚，其程度之高實為他國之人難以相像，他們的崇高精神使國民不自覺地跪拜景仰。

「惟有日本」、「將為國捐軀者奉贊為神、賦予血以崇高的意義」等詞句，體現了靖國神社全盛時期的靖國信仰和靖國思想。所以說，靖國神社與「血」是密不可分的。

04．熱淚座談會

岩井益子的申訴表明，在戰後半個多世紀的今天，「靖國之妻」仍然懷有強烈的「遺屬情感」。那麼，這樣的「遺屬情感」是怎樣形成的呢？在靖國神社全盛時期的戰前和戰爭期間，人們的靖國信仰和靖國思想是以怎樣的方式表達出來的呢？

談到這個問題時，我的眼前總是浮現出《主婦之友》雜誌一九三九年六月號刊載的題為《為國獻獨子光榮寡母熱淚座談會》的報導。一九三七年，盧溝橋事變拉開了日中全面戰爭的序幕。戰爭初期，靖國神社為陣亡官兵舉行了臨時合祀祭典。這篇報導記述了從北陸地區[2]遠道赴京出席祭典的遺屬老婦們的談話。

2　北陸地區：指瀕臨日本海的富山、石川、福井、新潟四縣。

森川——打孩子七歲起，是俺一個人把他拉拔大的。

村井——是啊，咱們小老百姓的，起早摸黑地拼命做斗笠，男孩子好歹總該讓他念兩年商校吧。咱不能讓人家在背後指指點點，說沒爹的孩子就是沒教養，所以俺心裡總憋著一肚子氣。

齋藤——俺哥總不停地說，要是動員來的話，這條命就獻給天子了，怎麼還不來，怎麼還不來。這回他總算如了願，光榮戰死了。

森川——那天晚上白色的御羽車開進靖國神社時，俺心裡實在激動呀，激動得不得了。本來一個沒用的孩子，就這樣派上了用場。真是太好了。

村井——托天子的福啊，不敢當啊。

中村——大家都哭啦。

高井——那是歡喜的眼淚呀。人啊，高興了也會哭哩。

中村——咱們這樣人的孩子能給陛下派上用場，真是感激不盡啊。啊，喇叭響了，那是士兵吧？聽到御羽車開來的時候那喇叭的聲音，俺一句話也說不出來，只是不停地說謝謝、謝謝。

森川——那聲音真是太好聽了，能裝進那麼好的車子裡，咱家的孩子真是有福氣啊。換了別人，哪來的福氣被那樣子地祭奠啊。

齋藤——連天子都來了，還下拜了呢。

中村——真的，真的下拜了，不敢當啊。

齋藤——聽說天子為了疼愛咱們這些人，吃的是麥粒飯，真是受苦了。仗一打起來，俺心裡就總這麼想，該怎麼報答天子的恩德啊。俺叩拜天子的時候，眼淚怎麼也止不住往下流。能參拜靖國神社，能叩拜天子，俺還有啥可求的呢？今天就是死了，也能心滿意足地笑著去死。

中村——今天還帶俺去看了新宿御苑，俺這心裡頭啊，真是說不出的感激。兒子被這麼風光地祭奠著，還帶俺去看這麼好的地方……

齋藤——那園子大極了，開滿了花，跟天堂似的。

高井——兒子在陰間也會高興的，死得這麼風光。

要是讓人看見咱們在哭，那可對不起天子哦。都是為了國家，這麼想著，就有精神啦。

中村——沒錯，想到孩子再也回不來了，心裡頭真是難受啊。可一想到孩子是為國家死的，還被天子誇獎了，就像什麼都忘了似的，高興得打起精神啦。

森川——本來一個不中用的孩子，派上了這麼大的用場，謝謝。

這是以《日本浪漫派批判序言》等作品而馳名的橋爪文三（一九二二至一九八三）在《靖國思想的形成與變遷》（刊載於《中央公論》一九七四年十月號）一文的開頭引用的一段文字。橋爪說：「這是我讀到過的最能體現靖國信仰的文字」。

橋爪說，他從中仿佛看到了「歌頌原始的妖氣」的文字，「這些老婦人在戰爭中失去了年富力強的兒子，讀著這些反映出她們充滿悲切的宗教式的幸福情感的文字，我感到了仿佛屬於另一個世界的某種不可思議的顫慄」。「她們的談話中沒有絲毫抱怨，也沒有絲毫軟弱」，橋爪為此而感到「不勝愛憐」，因為這讓他聯想到從小在淨土真宗信仰的影響下長大的女性們，那些「無論忍受什麼樣的世間之苦也決不抱怨，在生活中總是保持謙恭態度」的女性們，她們「內在的堅強令鬚眉男兒都為之驚歎」。

從日中戰爭到太平洋戰爭時期，靖國神社為成千上萬的戰死者舉行過許多次臨時大祭。每當此時，北起樺太[3]，西到滿洲，南到沖繩、臺灣，國家出資把遺屬們接到東京，讓他們參加將陣亡者合祀為「神」的臨時祭典。神官們抬著載有靈璽簿（戰死者的名單）的御羽車，經過兩側站滿死者遺屬的靖國神社的參道，走向大殿。天皇作為主祭人，也從這條參道走過，前往大殿參拜。遺屬們不僅出席招魂儀式，還被帶去遊覽新宿御苑、宮城（皇居）、上野動物園等東京的名勝，攝影留念。然後，他們作為光榮的遺屬回到各自的家鄉。

如果沒有戰爭的話，這些生活在底層的民眾恐怕一輩子也不會離開家鄉。由於兒

3　樺太：即薩哈林島，現屬俄國領土，是撒哈林州的主要部分，中文名為庫頁島。

子、家人的陣亡，國家出資把他們接到東京，將他們譽為「光榮的遺屬」，而且還能近距離地看到被稱為「天子」的天皇。雖然與會者事先知道談話的內容要登載在雜誌上，但是，她們的言談中充滿宗教式的幸福感，也並非不可思議。

老婦人們一口一個「謝謝」，這不是嘴上說說的，而是某種真實情感的流露。齋藤說「能參拜靖國神社，能叩拜天子，**俺還有啥可求的呢？今天就是死了，也能心滿意足地笑著去死**」。中村說：「一想到孩子是為國家死的，還被天子誇獎了，**就像什麼都忘了似的，高興得打起精神啦**」。這些話典型地表現出作為天皇神社的靖國神社在其鼎盛時期所發揮的精神功效——不僅僅激勵男人們去當「護國英靈」，而且還規定了「靖國之妻」、「靖國之母」、「靖國的遺孤」等包括女性、兒童在內的「國民」的生與死的意義。

05．折口信夫眼中的招魂祭

在太平洋戰爭爆發後、「熱淚座談會」召開四年之後的一九四三年，折口信夫寫了一篇題為《拜觀招魂之儀》（刊載於《藝能》一九四三年七月號）的文章。折口在這篇文章中也提到了橋爪從「光榮母親」們身上感受到的某種類似於「眷戀」的情感。折口第一次出席靖國神社的招魂儀式時，想像「出席儀式的遺屬們的感動之情，一定不同尋常」。他寫道：

> 在朦朧的微光裡，我在他們（遺屬們）的席位旁走來走去，看到的都是我們平常旅行時在蜿蜒的山野小道上，在海邊，在懸崖邊的小路上，在田邊碰到的人們。看到的都是這樣一些人的衣著和表情，這些帶著鄉土氣息的人使我感到十分親切。我上前和他們搭話，慰問他們遠道而來的辛勞，那種按捺

不住的心情難以用語言來形容。我懷著肅穆的心情等待著祭奠儀式的開始。

（中略）

月亮發出朦朧的光，天空微微泛白，地面上還是一片漆黑。數以萬計的人，他們的心情無比虔敬，也無比眷戀。在微微的光亮下，神官們白色的手抬起御羽車，彷彿飄在浪尖上的點點白沫。彷彿神降臨古老神社的祭典似的，有什麼東西從地面靜靜地升上低矮的天空，輕盈地飛向遠方。御羽車和跟隨者們的佇列，向滿懷虔敬和眷戀之情的人們走來。

在這種「虔敬」、「眷戀」相互交融的氣氛中，折口突然「好像看到了旅行時見過的一個老婦人」的背影，她「什麼也不想，像一個天真的孩童，注視著御羽車的佇列朝前移去」。從這個「老婦人」的背影中，他感受到了「人生的真奧」和作為「國民」的「日本人鋼鐵般的堅強」。

對我們來說——對日本國民來說，沒有比這更應該歡喜、應該高興的時候了。但是，再想一想，這正是和作為人的他們永別的時候。

（中略）

這些神將永遠地活著，而我們卻將消失。人們在歡喜的同時，也會感受到**人生的真奧**。這才是作為一個國民感受到的**發自靈魂深處的深深的感動**。這種深邃的精神，正是日本人鋼鐵般堅強的源泉。

在折口信夫充滿文學色彩的筆觸下，招魂祭、也就是靖國神社臨時大祭的「感動」得到了昇華。在他的筆下，「感動」被描寫得完美無缺。折口說：「人們遠道而來參加今天的祭典，來向永遠的神告別，他們的心澄澈無比」。從中我們看不到一絲烏雲。至少**看起來是這樣**。當我們從「情感」的角度討論靖國問題時，對於這一點決不應該忽視。

06．靖國神社給人們帶來了什麼

靖國神社是大日本帝國軍國主義的支柱。事實確是如此，但重要的是，我們不應該僅僅停留在靖國信仰是否曾經使日本人成為「軍國主義者」這一層次之上，我認為，在更深層的意義上說，問題的核心在於靖國信仰在當時所發揮的作用，那就是**它規定了日本人的生與死的意義**。

靖國信仰讓人們相信「為國家而死」、「為天子」獻出自己的兒子、丈夫是神聖的行為，它為那個時代的日本人的整個生和死**賦予了最終的意義**。如果說為人們的生和死賦予最終意義的東西是「宗教」的話，靖國信仰正是這樣一種「宗教」。不管人們如何界定「國家神道」這一概念的內涵，它都是奉「天子」即「國家」為神的宗教，**奉天皇即國家為神的宗教**。正因為它是奉天皇即國家為神的宗教，為天皇即國家而戰死的人才被當成了「神」。

從本質上說，這與河上肇一九一一年發表的《日本獨特的國家主義》（刊載於《中央公論》第三號）一文中的分析是一致的。在二十世紀三十年代超國家主義登場之前，河上目睹日本在日俄戰爭中獲勝、實現「日韓合併」之後國家主義抬頭的狀況，就一語道破了日本的國家主義是他稱之為「國家教」的宗教。

> 日本是神之國。也就是說，國家即是神。這是日本人普遍的信仰。即使沒有明確意識到這一信仰，但只要提一下，一般的日本人肯定都會贊同的。
>
> 對日本人來說，神就是國家。而天皇則是這個神聖的國體的代表者。可以說，把抽象的國家神加以具體化的便是我國的天皇。所以，按照日本人的信仰，皇位即神位，天皇即神人。

在這裡特別要注意的是河上關於日本人對待甲午戰爭、日俄戰爭陣亡者的態度以及關於靖國神社的論述。

現代的日本人沒有宗教上的煩悶（儘管在現在這個動盪的時代，本應產生許多宗教上的煩悶），絕大多數人都是堅定不移的國家教的信徒。對他們來說，國家就是人生的目的。為國家而生、為國家而死是他們的理想。因此，雖然在日清[4]、日俄兩次戰爭中死去的壯丁難以計數，但是我們日本人沒有因此而陷入懷疑和煩悶，也不會陷入懷疑和煩悶。

（中略）

國家主義已經成了日本人的宗教。所以，看呀，為國家主義而犧牲的人，死後都被當作神來祭祀。靖國神社便是如此。所以我的同鄉前輩吉田松陰先生也因此而被尊崇為神，伊藤博文公爵也被當作神來祭祀。

日本雖然在甲午戰爭和日俄戰爭中獲勝，作為殖民帝國成為「列強」的一員，但是，在這一過程中，大量的「壯丁」死於戰爭。儘管如此，許多日本人沒有陷入對戰爭和國家的「懷疑和煩悶」，也不會陷入「懷疑和煩悶」，之所以如此，是因為日本人已經成了「國家教」的信徒。而且，正因為如此，才有把**「國家教」的所有「殉教者」當作「神」來祭祀的靖國神社**。

朝鮮的死者們以及作為敵國的中國和俄國的死者們自不必說，日本本國的死者人數之多也是空前的。儘管如此，卻沒有產生對國家的「懷疑和煩悶」。「把為國家而生、為國家而死當作理想」的日本人的國家教，在經過近一代人的時間之後，與「為國獻獨子光榮寡母熱淚座談會」、「拜觀招魂之儀」一脈相承。

4 日清戰爭：即甲午戰爭。

07 · 被壓抑的悲哀情感

如果僅僅從意識形態上來批判靖國信仰的話，那麼，只要用「戰士們的血的海洋」和亞洲各國受害者們的「血的海洋」來和「熱淚座談會」、「拜觀招魂之儀」所描述的情景相對峙就行了。在「熱淚座談會」上，「仿佛不屬於這個世界的」「宗教式的幸福情感」，以及在「拜觀招魂之儀」中「發自靈魂深處的深深的感動」的世界裡，由日本軍發動的戰爭造成的「血的海洋」的形象完全被抹消了。這正是「昇華」的意義所在。**一切附著在戰爭上的令人厭惡的東西、悲慘的東西、腐爛的東西都被抹去，塑造出一個帶有日本土著的「眷戀」之情的獨特的「崇高」形象**。

正如前面所說的，我並不認為這些言辭，特別是老婦人們在「熱淚座談會」上說的話不反映當時人們的真實情感。它們或多或少都是當時人的真實情感的表露。但是，它們同時也是虛假的。它們既是真實的也是虛假的。說它們是虛假的，不僅僅是因為它們沒有觸及到戰爭的現實——即人們在戰場上死去這一現實，最重要的是它們壓抑或者忽視了對戰死的「懷疑和煩悶」、壓抑了悲哀的情感。橋爪文三對老婦人們「沒有絲毫抱怨、也沒有絲毫軟弱」的話感到「不勝愛憐」，然而，事情果真如此嗎？

例如，中村在前面引用的座談會內容的最後說：「**說實在的，想到孩子再也回不來了，心裡頭那個難受啊**。可一想到孩子是為國家死的，還被天子誇獎，就像什麼都忘了似的，高興得來精神兒啦」。在橋爪引用的這一部分裡，中村說「想到孩子再也回不來了」就「心裡頭那個難受啊」。剛剛說到這兒，就被「一想到孩子是為國家死的，還被天子誇讚，就像什麼都忘了似的，高興得來精神兒啦」壓抑下去了。悲哀的情感一露頭，立刻就被「為國家」去死、為「天子」去死的喜悅的情感壓抑下去了。

在老婦人們在座談會上的發言中，橋爪沒有引用的那部分更清楚地表現出了她們內心的動搖。

森川——明明知道孩子已經死了，可一看到那些精神飽滿的士兵們，俺就會想，他在什麼地方也像這樣子地活著呢。一個人的時候，不知怎麼的就會這麼嘟噥。到了夜裡，俺做娘的這心哪，就會一個勁地想，可憐啊、可憐啊。可馬上就會想，孩子死得光榮啊，死得光榮。就這樣，不知不覺就露出笑臉啦。

不是「沒有絲毫抱怨、也沒有絲毫軟弱」。只不過橋川沒有引用「抱怨」的話罷了。

高井——做父母的，誰當了逃兵，誰沒當逃兵，聽人家說這說那，俺就想，俺家的孩子可不能做那樣的事。

（中略）

孩子出征的時候，俺嘴上是說「不准當逃兵啊」，可心裡還是覺得可憐，怎麼也不想讓孩子去死。雖是這樣，可孩子是送給天子的啊，怎麼能當逃兵呢？像咱們這種啥都不是的人家的孩子，還能給天子派上用場呢。

高井上面這一段話，直率地表達出對戰死的獨子「還是覺得可憐」的「父母心」，流露出了**「哀痛」**之情，那是一種完全接受獨子之死的**悲哀之情**。

雖然這一類情感不管是否訴諸語言，一概被壓抑下去，而代之以「光榮」的情感、「送給天子的孩子」、「給天子派上用場」的情感，但是，它至少揭示了遺屬們內心中悲哀的情感和光榮的情感之間的**衝突**。

在戰爭中失去親人的遺屬們擁有的最自然的情感便是悲哀。作為一個個體的人，從親人的死裡能感受到的只能是悲哀（當然，親人之間互為仇敵的特殊情形另當別論）。一般來說，尤其是在親人不是壽終正寢、而是「死於非命」的情況下，遺屬們的悲哀、無奈和怨天尤人的情感就越發強烈。

從精神分析的角度來說，一個人在突然失去自己或多或少愛著的物件時，他的情感是「由喪失而來的悲哀」。在親人陣亡之後，遺屬們陷入悲哀的情感之中。正如前面引用的「光榮母親」森川所說的那樣：「明明知道孩子已經死了，但一看到充滿活力的士兵，俺就會想，他在什麼地方也像這樣子活著呢」。這正是無法立刻接受所愛的親人在戰爭中死去這一現實的心理狀態。這時候，遺屬們對於自己所愛的親人——對森川來說，死去的是自己唯一的兒子——為什麼要在戰爭中死去，他們試圖尋求一種解釋，用來填補對於喪失親人的悲哀、無奈、怨天尤人的情感。為什麼親人——唯一的兒子——必須戰死？如果遺屬們獲得一種能讓他們接受的解釋的話，他們就會從無盡的悲哀、無奈、怨天尤人的痛苦情感中解脫出來。

這時他們得到的解釋就是：他們的親人「為國家而光榮戰死」了，他（她）們因此而成了「擁有一個能給陛下派上用場的兒子」的「光榮母親」。在當時的日本，「國家」和「天子」是至高無上的絕對存在，沒有比「國家」和「天子」所賦予的意義更崇高的意義了。河上肇所說的日本的「國家宗教」，為日本的戰死者的死賦予了意義，進而給「為了國家」奉獻出生命的日本人的生與死賦予了意義。它是得到被稱為國家的神即至高無上的存在所保證的體制。

08．「予陣亡者和他們的遺屬以榮譽！」

那麼，國家為什麼要賦予戰死者這樣的意義呢？國家根本不是出於「善意」來慰藉遺屬們的痛苦，這樣做是經過冷靜算計的。

國家為什麼要把國民的戰死彰顯為「光榮的戰死」，使遺屬們感激涕零呢？

我認為，從甲午戰爭剛剛結束後不久的一八九五年十一月十四日《時事新報》的社論《應為陣亡者舉行大祭禮》的標題中，可以找到答案。《時事新報》的創辦人和所有者是福澤諭吉。《應為陣亡者舉行大祭禮》一文一向收在《福澤諭吉全集》的《時事新報論集》裡，一般認為出自福澤諭吉之手。但是，關於《時事新報論集》中的社論、特別是十九世紀八十年代的作品是否確實出自福澤之手，目前還有爭議。在此，筆者不想深究該文是否出自福澤之手的問題。僅憑該文是刊載在近代日本具有代表性的啟蒙思想家福澤諭吉主辦的《時事新報》上的社論，就已經足具象徵意義了。作者在《應為陣亡者舉行大祭禮》的開頭這樣寫道：

據截止九月二十九日的報告，日清戰役及臺灣戰爭中，我國軍人陣亡者為八五一人，負傷而死者為二三三人，病死者為五三八五人，共計六四六九人，其後又有不少人死去。

甲午戰爭是日本成為近代國家後經歷的第一次大規模的對外戰爭。那麼，「臺灣戰爭」又是一場什麼樣的戰爭呢？日本在甲午戰爭中獲勝後，與清朝簽訂《馬關條約》，割臺灣為殖民地。然而，臺灣決不是毫無抵抗地納入日本統治之下的。臺灣人為反對日本的統治進行了極其猛烈的抵抗。為此，日本派出軍隊鎮壓。日軍雖然在一定程度上控制了局面，但是在鎮壓過程中，臺灣人自不必說，日本軍隊中也有不少人戰死。

在靖國神社開列的《歷次戰役事變合祀祭神數目》一覽表中，「臺灣戰爭」和甲午戰爭不同，現在還被稱為「臺灣征討」，也就是說它是對不馴服的臺灣人進行征伐的正義戰爭。據截止二〇〇四年十月十七日的《歷次戰役事變合祀祭神數目》統計，甲午戰爭的合祀者為一三六一九人，「臺灣征討」的合祀者為一一三〇人，共計一四七四九人。在前引《時事新報》的社論刊載之時，死者的人數還不及半數。關於這些「為數不少的陣亡者」，這篇社論關注的是什麼呢？

社論說，從甲午戰爭和「臺灣戰爭」中歸來的將士們不但被授予最高的榮譽，得到國民的感謝，他們被授予爵位、勳章，還得到了獎賞金。而陣亡者呢，沒有爵位和獎賞金，無法接受國民的迎接，也不能像凱旋將士們那樣沐浴榮光。他們的遺屬們雖然靠一些補助勉強能維持生計，但是，他們祈禱建立功勳、平安歸來的「父兄」已經不在人世。看著「父兄」的「戰友」沐浴榮光，他們只能在一旁流淚。凱旋的將士們獲得了最高的名譽和榮光，而陣亡者和他們的遺屬呢，沒有榮譽、也沒有榮光，就這樣被社會遺忘了。這太不應該了。這樣下去不行。也應該給陣亡者和他們的遺屬以盡可能高的名譽和榮光。

為什麼呢？陣亡者們捨棄生命為國而戰，他們對國家的貢獻本來就不比凱旋歸來的將士們少，不僅如此，必須予陣亡者和他們的遺屬以榮譽的最大的理由在於：

東洋的局勢日漸緊迫，無法預測何時將會發生何種變故。萬一不幸再與干戈，靠誰來保衛國家？還得靠將士們勇往直前、視死如歸的精神。應該把培養這種精神作為保衛國家的當務之急。要培養這種精神，就應該盡可能地予陣亡者和他們的遺屬以榮光，必須讓他們感受到戰死疆場的幸福。

也就是說，日本雖然在甲午戰爭中取得了勝利，但是東亞局勢緊迫，不知何時將會再度發生戰爭。一旦發生戰爭，靠什麼來保衛國家？只有靠士兵不畏死亡、奮力作戰的精神。因此，培養這種精神才是保衛國家的關鍵。「**必須讓他們感受到戰死疆場的幸福**」，也就是，應該讓他們感到戰死是一件令人幸福的事。

國家為什麼要把陣亡者譽為「為國家而死的光榮的死者」，原因在這裡說得清清楚楚。要是對失去親人後終日悲歎、以淚洗面的遺屬們置之不理的話，就無法在下一次戰爭中激發人們不惜生命為國而戰。所以，只有給陣亡者和他們的遺屬以國家級的榮譽，才能動員士兵為國家「光榮地戰死」。

那麼，應該如何予陣亡者和他們的遺屬以榮譽呢？

近來，雖然各地紛紛為戰死者舉行招魂儀式，但這還不夠。我們最大的願望是在帝國之都東京擇地設立祭壇，邀請全國的陣亡者遺屬前來參加儀式，使他們感受到親臨現場的榮耀，我們誠惶誠恐地懇請大元帥陛下親自主祭，率領文武百官出席儀式，頒發詔書褒獎死者的功勳，以慰藉英魂。

社論接著寫道：

前些日子在佐倉兵營舉行招魂儀式時，應邀出席的遺屬中有一位老翁，父子二人相依為命，當老翁得知惟一的兒子不幸陣亡的消息後，起初每日以淚洗面。能出席這次盛典，老翁感到十分光榮，認為失去獨子也不足為惜，儀式結束後，老翁滿意而歸。如果大元帥能親自主祭，舉行盛大祭典的話，死者在九泉之下必會感激天恩，遺屬們也會感激涕零，為戰死的父兄而高興的。一般國民也會在萬一發生不測之變時，真切地盼望能為君為國而死。無論花費多少，也不足為惜。希望今後一定要多多舉行這樣的盛典。

關於國家為什麼必須彰顯陣亡者，再沒有比這說得更清楚明白的了。應邀出席佐倉兵營招魂儀式的一位老人，在失去獨子後起初每天哭泣，但是在招魂儀式上看到兒子的死被譽為「光榮的戰死」後為之感動，儀式結束時說，失去獨子也不足為惜，心滿意足地回家鄉去了。

09．感情的煉金術

前面說到，作為陣亡者的遺屬，一般說來，他們能感受到的只有悲哀。可是，國家舉行的儀式使他們的悲哀一下子轉化成了喜悅。**從悲哀到喜悅、從不幸到幸福**。仿佛施了煉金術似的，「遺屬情感」來了一個**一百八十度的大轉彎**。

前引社論的作者說，如果帝國陸海軍最高司令、「大元帥」明治天皇親自主祭，舉行臨時祭奠儀式的話，陣亡者在九泉之下將會感激天皇的恩德。雖然誰也不知道九泉之下是個什麼樣子，但這樣做至少可以使遺屬們感到慰藉，使一般國民對「天子」懷有感激之情。

最為重要的是，讓遺屬們感激涕零，讓他們為親人的戰死而高興，讓具有同樣感受的一般國民在一旦發生戰爭時自願性地為天皇、為國家去死。必須平息遺屬們的不滿，絕對不能讓國家——把他們的親人送上戰場的國家——成為他們攻擊的對象。

最要緊的是，必須**通過彰顯陣亡者，讓遺屬們為此高興，使其他國民自願性地為國家奉獻自己的生命**。為此「無論花費多少，也不足為惜」。也就是說，國家應該投入大量資金，把全國各地的遺屬們召集到東京，讓他們知道「國家」和「天子」是多麼令人感激，讓他們懷著無比「感動」的心情回到故鄉去。

這正是靖國信仰得以維繫的**「感情的煉金術」**。

應該指出的是，作者在這篇社論中一次也沒有提到「靖國神社」，只是說「在帝國之都東京擇地設立祭壇」。靖國神社的前身是一八六九年設立的東京招魂社，在十年後的一八七九年改名為靖國神社，成為「別格官幣社」[5]。在這期間，靖國神社為一八七四年「臺灣出兵」到甲午戰爭中在海外陣亡的將士舉行了合祀儀式。在這一時期，靖國神社的信仰體系還沒有確立。

然而，在《應為陣亡者舉行大祭禮》一文刊載大約一個月後的一八九五年十二月十五日，靖國神社為陸軍少將大寺安純等一千五百人舉行了招魂儀式。仿佛是呼應《時事新報》的主張似的，從十二月十六日起，為甲午戰爭中的陣亡者們舉行了為期三天的臨時大祭。在大祭的第一天，天皇派來了敕使，第二天，「大元帥」明治天皇親自參拜了靖國神社。此後，《時事新報》又發表了題為《應厚葬死者》的文章。文章的結尾部分這樣寫道：

此次靖國神社為死者舉行臨時祭典，承蒙天皇陛下親自出席，禮祭極為隆重。若合祀者地下有知，定會感激涕零。推察遺屬們和一般人之心情，其感激之情當不在其下。熱切希望向遺屬們支付津貼，以酬死者之功。

就這樣，靖國神社的地位逐漸升高，日俄戰爭後，它成了日本祭奠陣亡者的核心設施。河上肇把靖國神社稱為日本「國家教」的設施，也正是在這個時期。

5 別格官幣社：神社的級別之一。在日本古代，官幣社是指由神官奉納錢帛的神社，明治以後改由宮內省奉納錢帛。

10．「聖戰」、「英靈」、「彰顯」

大日本帝國之所以要賦予天皇的神社靖國神社以特權，不斷舉行祭奠活動，把陣亡的軍人和軍隊中的文職人員彰顯為「英靈」，既是為了慰藉遺屬們的不滿，絕對不能使國家成為遺屬們不滿情緒的發洩對象，同時，更是為了通過賦予陣亡的軍人和軍隊中的文職人員以最高的榮譽，確保繼他們之後有人願意「為國家而死」。凡是陣亡的人，哪怕只是一名小小的兵卒，也能得到「天子」的參拜，也能感受到「天子」的恩德。其威力是極其巨大的。

下面這則資料雖然與靖國神社沒有直接關係，但它揭示了這種「感情的煉金術」的內在機制。其實，早在《應為陣亡者舉行大祭禮》一文發表十多年前的一八八三年，明治政府為祭奠西南戰爭中陣亡的政府軍死者，在大阪的中之島樹立了一座「明治紀念標」。淨土真宗大谷派[6]的法主和神道的神官以及佛教其他宗派的法主一同出席了祭奠儀式。下面是關於這次儀式的報導。

因物而生之感動，人各不同。此前在明治紀念標的祭奠儀式上，看到本願寺住持在標前參拜、舉行法會，被祭奠者的父兄妻兒們流下了隨喜的眼淚。不難想像他們一定為親人的死而不勝悲傷，然而，正是因為他們親人的戰死，才會有連平時我們得見一面都感到榮幸的住持都前來敬禮。許多以前對自己的兒子被徵兵忌如蛇蠍的人，由於深深羨慕死者的榮光，一下子改變了態度，盼著兒子早日被徵兵，早日戰死疆場，以享今日這樣的榮光。阿彌陀佛的光輝普照人間，開啟了愚夫愚婦們的冥頑之心，真是好方便啊。

（刊載於《朝日新聞》一八八三年五月十三日）

6 大谷派：日本佛教的宗派之一，全稱為「真宗大谷派」，一六〇二年由德川家康賜地，在位於現在京都的東本願寺建立寺院，故又稱東本願寺派。

本願寺法主所做的和靖國神社為陣亡者舉行祭奠儀式、即「彰顯英靈」幾乎完全一樣。如果把報導中提到的「住持」即本願寺法主換成天皇的話——本願寺法主之職由開山始祖親鸞的後代世襲，具有至高無上的權威，因此可以說其地位近乎天皇——那麼就不難發現，這篇報導所描述的祭奠儀式，和「光榮母親熱淚座談會」，還有《應為陣亡者舉行大祭禮》所揭示的「情感的煉金術」在本質上是一致的。那就是：

1，看到本願寺住持「參拜」紀念標、向陣亡者敬禮，遺屬們由於「無比感動」而流下了「隨喜的眼淚」。

2，遺屬中有些人起初不願意自己的孩子被徵兵，但是當他們看到他們起初只是為之「悲傷」的親人的戰死變成了「榮譽」，出於對死者榮譽的「羨慕」，便立刻改變了態度，盼著兒子早日被徵兵、早日戰死疆場，也能享受榮光。

3，記者看到這番光景，確信借「阿彌陀佛的光輝」為陣亡者舉行彰顯儀式，乃是讓那些不願被徵兵的討厭的傢伙們改變態度的「方便之法」。

菱木政晴指出，在相當長的一段時期裡，淨土真宗舉行的祭奠陣亡者的儀式具有以下三層意義，即把本國的戰爭視為正義的「聖戰」，把陣亡將士美化為「為國而死」的「英靈」，以及「彰顯」「英靈」，號召其他國民「繼承英靈的遺志」。這也正是構成靖國信仰的三個最根本的要素（載菱木政晴《淨土真宗的戰爭責任》，岩波書店，一九九三年）。這決不是什麼不可思議之事。在不同的時代、不同的地區，以「感情的煉金術」為核心的「英靈彰顯」儀式既可以以神道方式，也可以以佛教甚至基督教方式進行。在近代日本，只不過神社神道[7]的「國家祭祀」的方式被特權化了而已。

在靖國信仰確立的初期階段，福澤諭吉主持的《時事新報》從靖國信仰的利用者的立場出發，不加掩飾地道出了靖國信仰的內在機制，這一點具有極為重要的意義。到了時隔四五十年之後的「熱淚座談會」、《拜觀招魂之儀》時，這個策略已經幾乎不為人們所察覺了，那時視戰死為榮譽的情感基本上壓倒了失去親人的悲哀。

7　神社神道：日本神道的教派之一，區別於教派神道。明治政府推行神道國教化政策，以天皇為現人神，將神社神道作為天皇制統治的思想基礎。

11．盡情表達哀痛

然而，即使如此，靖國信仰的鼓吹者們為了把遺屬們的情感由悲哀轉化為幸福，還是要不斷地進行宣傳。高神覺升在戰前、戰爭期間和戰後始終不斷地進行鼓吹，他撰寫的《靖國的精神》（一九四二年）就是一個典型的例子。收入該書中的一篇題為《靖國的精神》的論文——正如該文的副題「贈忠靈遺屬」所表明的，目的就是向遺屬闡述靖國的精神。高神在文章的開頭這樣寫道：

> 靖國的精神，不僅僅屬於戰場上的士兵。無論是在戰時還是在平時，它是所有日本人都必須堅持的日本精神。那麼，怎樣才能發揮靖國的精神呢？歸根究柢一句話，就是為國家高高興興地流血，為社會高高興興地流淚，為自己高高興興地流汗。

作為「靖國之母」、「靖國之妻」，必須具有「所有的日本人」「都必須堅持」的作為「日本精神」的靖國精神。這只有通過把遺屬的悲哀轉化為喜悅才能做到。

為孩子、丈夫能出色地為國效勞而高興，為不幸失去精心撫育的孩子——雖說是為了國家——而悲哀，二者的心情大不相同。**感到高興還是感到悲痛，全在一念之間**。原以為是自己的財產的東西，實際上並不屬於自己，都屬於國家。不僅僅是財產，連自己的身體、生命都是天皇賜予的。所以，為了一旦發生緊急情況時能出色地完成任務，平常要珍惜自己的身體和生命。現在遺屬們為了保衛天皇，毫不怯懦地獻出了自己精心撫育的兒子、恭敬侍奉的丈夫。他們是把天皇賜予的東西還給了天皇。而且，他們的兒子、丈夫現在被作為靖國之神受到祭奠，永遠永遠地，在上受到陛下的親自參拜，在下被國民景仰為護國的忠靈。我認為，男兒的夙願無過於此。

普通的人死了之後會得到同情，但決不會受到**尊敬**，也決不會受到**感**

謝。

遺屬們托為君國獻身的兒子、丈夫的福，受到了素不相識的人們極大的**感謝和尊敬**。

如果事情是這樣的話，那麼，擺脫靖國信仰並不困難。一句話——**不要明明悲痛卻把悲痛說成歡樂**。只要這樣做就夠了。首先，按照人類最自然的情感，對親人的陣亡有多麼悲痛就表現出多麼悲痛。要盡情地表達自己的悲痛之情，而不是明明心裡很悲痛，卻硬要裝出快樂的樣子。決不能為了拂去內心的悲哀、無奈和平息不滿，就接受國家編造的故事和國家賦予的意義，不要匆忙地結束自己的悲痛，尤其不要匆忙地按照編造的故事和國家賦予的意義來結束自己的悲痛。只要能做到這一點，國家就無法動員人們參加下一次戰爭了。這樣，國家也就無法充分發揮其作為戰爭主體的功能了。

關於這一點，讓我們來看一下葦津珍彥[8]的議論吧。

葦津珍彥批評村上重良在戰後對國家神道進行的批判，認為村上只不過是在GHQ駐日盟軍總司令部發佈的《神道指令》的影響下，先捏造出國家神道的罪行，再攻擊自己製造出來的假想敵而已，葦津主張應該恢復國家神道。在這裡，我不準備就葦津的神道論進行全面探討，我想討論的是他關於靖國神社的議論。下面引用的一長段文字反映了他的主要論點。

世人一般都認為靖國神社宣傳「將士們戰死之後能成為神」這一宗教信仰，說這是一種讓人們捨棄生命的宗教，這種說法太淺薄了。在日本的將士中，的確有不少人在國家遇到危難時，不貪生怕死。但是，他們並不是指望「死後能成為靖國之神」，而是源於他們在此之前形成的人生觀和國家觀。抱

8 葦津珍彥（一九〇九到一九九二年）：出生於福岡縣一個神道之家，早年與玄洋社首領頭山滿等大陸浪人交遊，日本戰敗後致力於保衛天皇制度、復興神道的活動。一生撰寫過《神道之日本民族論》、《神國之民的心》、《何為國家神道》等五十多部著作。

有此種人生觀、國家觀的將士，在世時對靖國神社當然充滿了崇敬之情，但是，大多數國民都祈禱將士們「**武運長久**」，將士們當然也希望能得勝而歸，這是人之常情。當這種人之常情無法實現，當將士們**不得已而死於非命之後，才為哀悼他們的死**將他們祭奠在靖國神社。靖國神社的祭典是明治天皇親自主持的特殊而莊重的勅祭，它不像一般的別格官幣社那樣追憶著名的特殊功臣，將其祭奉為神，靖國神社不論死者的功績大小，哀其死於非命，在戰爭結束之後立即進行追悼合祀，決不是教育人們「由陣亡而獲得極樂往生之道」。明治天皇的皇后（昭憲皇太后）在一首和歌裡寫道：「雙手合十面神龕，父母妻兒盼汝歸」。這首和歌寫於日俄戰爭結束之後，它痛切地詠出了父母妻兒盼望親人「生還」的心情。這才是靖國神社祭奠死者之心，是切盼將士們能夠生還、但因他們不得已而陣亡、**悲其結局**而舉行的莊重的祭典。有人卻把**哀其結局**而舉行祭典，歪曲成彷彿是「**為了讓人去戰死**」，這就是「反靖國」、「反國家神道」的理論。這種新奇的主張能持續流行，反映出戰敗後日本人的淺薄而不可思議的想法。如果認真思考一下人類的心理，就不難明白，無論舉行多麼莊重的祭典，普通國民中有多少人會選擇「以死為代價成為神」而不選擇「武運長久，平安生還」呢。

（載葦津珍彥《什麼是國家神道？》，神社新報社，一九八七年）

在這裡，葦津把靖國神社的祭典說成**仿佛**不是為了彰顯死者**似的**，**好像**因為每個人本著「人之常情」，盼望將士「平安歸來」，就不可能有美化、褒獎戰死之事**似的**。在他看來，靖國神社的祭典是在將士們不得已而陣亡之後，「**為他們的死而悲痛**」、「**為他們的結局而悲痛**」，是「**作為悲痛的結果**」而舉行的，**仿佛是為表達對陣亡者的悲痛而舉行的祭典**似的。

然而，正如我們已經看到、並且在本書下面的內容中將要看到的，靖國的邏輯從本質上說不是為戰死而悲痛，而是把對戰死的悲痛轉換成歡樂，靖國話語裡充滿了對戰死的美化和彰顯。

無論是天皇還是皇后，無論是父母還是妻兒，只要有「人之常情」，首先會為戰死而悲痛。但靖國的邏輯卻是壓抑這種作為「人之常情」的悲痛之情，引導人們從戰死中感受到歡樂。戰死的不幸必須轉化為幸福，戰死的悲劇必須轉化為光榮，否則，國家就無法在新的戰爭中動員國民。就算沒有一個將士是為了戰死而奔赴戰場的，但是，一個在戰場上只是一個勁地盼著「平安歸來」的將士，是不符合靖國邏輯的。靖國神社所要求的，是知道如果自己陣亡的話將會得到國家的讚賞和國民的「感謝和尊敬」，因而哪怕犧牲生命也要爭取勝利的「忠勇義烈」的將士。

12・戰死的「大歡喜」

一九四三年四月，在靖國神社的全盛時期，出版了橫山夏樹的《輝煌的靖國物語》一書。書中有如下一段文字（作者橫山夏樹曾經當過小學教師、陸軍省人事局職員、《報知新聞》記者，後來以童話作家而知名）。

戰死無疑是一場悲劇。但是，只要是日本人，一旦奔赴戰場，或（將親人）送上戰場，便意味著**把身體性命獻給了君王和國家**，那麼，戰死疆場就不僅僅是普通意義上的死，而是**輝煌的犧牲**。這是**男兒的夙願**。

在日本，作為男兒來到人世，便意味著他是為保衛國家而誕生的，是為了創造日本光輝的歷史而誕生的。我們的祖先們都是如此。**所以後世的人們也必須如此**。

為此，日本永世不滅的光輝就在這靖國之社裡。國民的拳拳愛國之心，就凝聚在這不朽的光輝之中，奉獻給祖國的純潔而真誠的心，化作了照耀世界的光芒。

「日本永世不滅的光輝」，就在祭奠著把「身體性命」「獻給了君王和國家」、實現了「輝煌的犧牲」的陣亡者們的「靖國之社」中。在這裡，戰死由「悲劇」被轉換成了「光榮」和「男兒的夙願」。「後世的人們也必須如此」，也就是說，「在日本，作為男兒來到人世」的人，都必須把為君王和國家而戰死、被祭祀在「靖國之社」作為「男兒的夙願」。

雖說為君王和國家而戰死是「男兒的夙願」，但是也不排除女性「英靈」。一九四一年八月出版的靖國烈女遺德彰顯會編的《靖國烈女傳》，記述了作為日本軍隊中的文職人員而戰死的四十一名女性（以及與明治維新有關的七名女性死者）的事蹟，以示彰顯，並敦促女性們「以她們為榜樣」。下面是生田辰男撰寫的該書序言裡的一段文字。

> 祭奠在靖國神社裡的二十餘萬祭神，都是我們的祖先、父兄或子弟。他們的**功績體現了**大和之魂。在如此眾多的祭神中，有五十餘名為女性祭神，她們都是不亞於男性祭神的盡忠報國而化為護國之鬼的烈女。我們發起成立靖國烈女遺德彰顯會，一一調查這些忠勇果敢的烈女們的功績。現在調查已經完畢，在此刊行《靖國烈女傳》以大力彰顯她們的遺德，同時，在此多事之秋，尤念一國之興亡全在於該國女性所具有的精神。期望人們深切認識時局，誠**心**實踐臣道以輔弼國家。

從這裡我們看不到絲毫悲痛的痕跡，字字句句都是褒獎和「彰顯」女性文職人員以戰死而成為「護國之鬼」的「功績」。

如果真像葦津所說的那樣，靖國的祭典是以悲痛為基調的話，如果天皇、皇后、父母、妻兒都為將士們的戰死而悲痛的話，那麼，靖國的祭典就應該是陣亡者的「追悼」儀式。所謂追悼，就是活著的人「追念」「哀悼」死去的人。「悼念」意味著「痛苦」，意味著共同擁有喪失之「痛」，所以，追悼就是在悲痛的情感中共同擁有痛苦。

然而，靖國的祭典卻不允許人們沉浸於這種情感之中。從本質上說，不是共有悲哀和痛苦，不是「追悼」和「哀悼」，而是讚揚、美化、褒獎、彰顯戰死，將戰死作為後人的模範。在這個意義上，我們不得不說，靖國神社決不是一個「追悼」設施，而是一個「彰顯」設施。

具有諷刺意味的是，圍繞葦津珍彥的父親葦津耕次郎倡議設立「靖國會」一事而展開的爭論，恰好對葦津珍彥的主張提出了反證(以下關於這次爭論的內容，引自赤澤史朗的《近代日本的思想動員和宗教統制》，一九八五年)。

一九三四年，民間神道人士葦津耕次郎倡議，在靖國神社舉行由佛教各宗派參加的祭奠儀式，並為此設立一個由神官和僧侶組成的「靖國會」。

耕次郎認為，國民對「靖國的英靈」所懷有的情感具有下面兩個層面，一是「歌頌

（陣亡者們）盡忠報國的功勳」的「感謝」的層面，一是對他們「經受地獄之苦而成為殉國之靈」的「悲痛和同情」的層面。靖國神社的祭典側重於前者，即「歌頌（陣亡者們）盡忠報國的功勳」，只有用「佛教的迴向或供養」，才能慰藉他們「死而不能瞑目」的靈魂，所以必須舉行此種儀式。

然而，這一提案遭到了當時的靖國神社宮司賀茂百樹的強烈反對。賀茂百樹認為，陣亡的士兵們是「高呼著陛下萬歲」而死的，他們懷抱著「與國家的大生命合為一體的大安心、大歡喜」。而且，他們是經由「敕裁」，也就是天皇的批准而成為靖國神社之祭神的，因此，無論是士兵們的魂靈還是遺屬們，「都應該為獲得作為臣子的至高無上的榮譽而感激涕零」。葦津耕次郎最終不得不撤回了自己的提議。

關於這次爭論，赤澤史朗總結道：「陣亡者是高高興興地為天皇和國家而死的，這種話語被強加給所有的陣亡者，成了戰死的唯一的意義。說陣亡者不一定都是高高興興地死去的，或者說遺屬們不一定都為親人成為靖國的英靈而高興的話，那就會被視為荒謬、『不忠不義』而被『一腳踢開』」。

葦津耕次郎所說的「悲痛和同情」的一面，顧名思義，就是共同擁有悲哀和痛苦的情感、共同進行「追念」和「哀悼」。這與對「英靈」的「感謝」，以及對「（英靈的）功勳的讚美」，也就是「英靈彰顯」不是一回事。所以，耕次郎試圖關懷陣亡者**「悲哀」**和**「痛苦」**的情感，但他的提議遭到了視戰死為「大歡喜」、「至高無上的榮譽」的靖國神社宮司的拒絕。

人們不能把靖國的祭典說成是「悲痛」的祭典，原因就在於，它是必須壓抑悲痛、彰顯戰死的「國家的祭祀」。

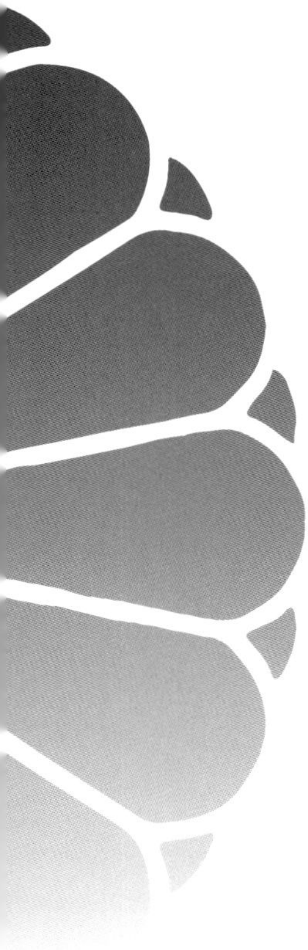

第二章／歷史認識問題

怎樣認識戰爭責任問題

站在日本這一邊，整裝待發準備出動的南蕃們。
（國立臺灣大學圖書館藏）

01．共同體與他者

「感情」問題，就是將戰死的悲痛一百八十度地轉換為歡樂的「感情的煉金術」的問題。國家之所以要彰顯陣亡者，不是出於對被動員參加戰爭而死去的士兵們的「悲痛」、「哀悼」，而是為了準備下一次戰爭，動員人們像戰死的士兵們一樣以「為國捐軀」為榮，自願犧牲自己的生命。

靖國信仰徹底隱瞞了戰死的悲慘和恐怖，而將死神聖化。同時，在遺屬們陷入悲哀、無奈和怨天尤人的情緒之中時，向他們提供「光榮戰死」這一強有力的意義，從而掠奪了人們的情感。因此，如果不想受其擺弄的話，只要做到不把戰死視為歡樂，而是完全沉浸於悲痛和悲哀的情感之中就行了。

不要為戰死歡樂，而要為戰死悲痛。要一心一意地「哀悼」、「追悼」死者。

然而，我們馬上就遇到一個問題，那就是「歷史認識」問題。

試想一下，如果不再為日本軍士兵「死於非命」感到歡樂，而是感到悲痛，如果把彰顯換成追悼的話，事情會怎樣呢？會出現只存在於日本國民之間的、以日本人悼念**本國**士兵的死為目的的**日本國民內部的「哀悼共同體」**。這個共同體為在戰爭中失去生命的本國士兵的死而進行哀悼活動。但是，如果只是為死亡而哀悼的話，就沒有必要追究造成死亡的**戰爭本身的性質問題**了。因為，如果只是沉浸於為戰死的親人、同胞而悲痛、沉浸於對他們的哀悼的話，是沒有必要追究造成死亡的戰爭本身的性質問題的。

為什麼要超越對陣亡者的哀悼，為什麼要追究戰爭的性質問題呢？

原因在於，第一，日本軍發動的戰爭造成的大量死者和受害者，不都是日本國民。在日本國民之外，還有許多人在被哀悼的日本軍士兵參與的戰爭中被殺害或受到傷害。被日本軍士兵殺死的人，要比陣亡的日軍士兵多許多倍。如果無視這些死者、受害者的存在，只是在由日本國民組成的「哀悼共同體」中進行哀悼的話，那麼，其「哀悼」行為將無法避免來自外部的批判。日本陣亡者所參與的戰爭，給日本的「他者」、日本的「外部」造成了多少死者和受害者呢？合祀在靖國神社的陣亡者們所參與的戰爭，給亞洲各國、給遭受日本殖民統治的各民族，造成了多少死者和受害者呢？如果不追究這個問題的話，對本國陣亡者的哀悼就經不住其它國家的批判，其正當性就會從根本上瓦解。

02・「甲級戰犯」合祀問題

靖國問題中的歷史認識問題，就是所謂「甲級戰犯」合祀問題。在這裡首先要申明的是，我認為，僅僅把靖國問題中的歷史認識問題限定為「甲級戰犯」合祀問題，難免將會使問題**大而化小**。

什麼是「甲級戰犯」合祀問題呢？

所謂「甲級戰犯」，是指在遠東國際軍事法庭（即東京審判）中被指控犯有「破壞和平罪」、即指揮侵略戰爭之罪名的二十八個人。二十八個人中除去因死亡或精神異常而免於起訴的三人之外，二十五個人全部被判有罪。其中，原首相東條英機、原陸軍大將板垣征四郎、土肥原賢二、松井石根、木村兵太郎、原陸軍中將武藤章、原首相廣田弘毅七人被判處絞刑。這七個人、加上審判中病死的原外相松岡洋右、原海軍大將永野修身、服刑期間死在獄中的原駐義大利大使白鳥敏夫、原外相東鄉茂德、原陸軍大將小磯國昭、原首相平沼騏一郎、原陸軍大將梅津美治郎一共十四人，於一九七八年十月十七日被合祀於靖國神社。

這些人顯然不是什麼「陣亡者」。除這些人外，同樣不是陣亡者的乙級、丙級戰犯也被合祀在靖國神社裡。日本戰敗後，在日本國內或國外，聯合國以戰爭期間違反戰爭法為罪名，起訴了五千多人。其中近一千名乙級、丙級戰犯被判處死刑。靖國神社稱這些受死刑而死的人為「昭和殉難者」，在一九七〇年之前將其合祀於靖國神社。

靖國神社在戰後舉行的合祀，先由厚生省依據《遺屬援護法》[1]等法律認定並開列「公務死亡」者的名冊，然後靖國神社根據厚生省提供的名冊舉行合祀祭典（厚生省與靖國神社的這種協作關係，顯然有違反日本國憲法關於政教分離的規定之嫌）。厚生省在一九六六年就已經將甲級戰犯的祭神名單交給了靖國神社，靖國神社也考慮過將甲級戰犯和乙級、丙級戰犯一樣，作為「昭和殉難者」進行合祀。但當時靖國神社內部有

1 《遺屬援護法》：一九五二年公佈的有關國家對軍人和軍隊中的文職人員及其遺屬進行撫恤的法律。

人提出：「考慮到國民對這十四個人的看法，合祀必須選擇適當的時期」（藤田勝重權宮司），合祀因此推遲到一九七八年才進行。

甲級戰犯的合祀在當時沒有立即公諸於眾，直到第二年四月才因《朝日新聞》的報導而為世人所知。當天該報以十分醒目的篇幅報導了此事。此後，日本國內立即有人對合祀進行批判，認為它將「會導致對戰爭的肯定」。然而，此事受到世人的廣泛關注，還是在一九八五年中曾根康弘首相對靖國神社進行「公式參拜」之後的事。

當時，韓國、新加坡、香港、英國、蘇聯、美國等國的媒體，紛紛對此事提出批判並表示擔憂。尤其是中國，外交部發言人發表談話，對日本首相參拜合祀著東條英機等戰犯的靖國神社進行了批判。

今天，在日本，人們普遍認為「甲級戰犯」合祀問題是日本和中國、韓國之間的「外交問題」。甚至有人認為：「靖國問題起源於中國、韓國的批判，在此之前根本不成其為問題」。但是，這些說法都是錯誤的。

其實，在中國政府進行正式批判的幾年之前，在日本國內就已經有人對「甲級戰犯」合祀問題進行了批判。從二十世紀六十年代中期到七十年代中期，在中國政府和韓國政府還沒有就靖國問題正式發表意見之前，在日本國內，《靖國神社國家護持法案》就已經成了一個政治問題，圍繞這個問題，展開了激烈的爭論，導致了輿論的分化。

03．東京審判中沒有受到懲罰的人

為什麼靖國神社合祀「甲級戰犯」一事會受到批判呢？

首先，因為把這些人彰顯為「英靈」即「護國之神」，將會導致下面的後果，那就是，不是將他們所指揮的戰爭作為侵略戰爭，而是將其視為一場正確的戰爭並加以肯定。然而，即便如此，如果這只是一個純粹民間的宗教法人所的歷史觀的話，也還可以說這是一個屬於民主國家的思想自由、信教自由的範圍之內的問題。但是，如果說，在戰後首相、天皇仍然一再進行參拜，靖國神社與國家的關係根本沒有斷絕的話，那就另當別論了。即使在這種情況下，到八十年代前半期為止，中國政府和韓國政府都保持了沉默。進入八十年代後，中曾根康弘首相提出要進行「戰後政治總決算」，走新國家主義路線，他的行為超出了對日本軍國主義的復活高度警惕的中國政府所能許可的範圍。此後，中國政府一貫強烈反對日本的首相參拜合祀著甲級戰犯的靖國神社，認為參拜意味肯定過去的侵略戰爭。

在日本國內有不少人認為，東京審判是戰勝國對日本進行的單方面的審判、是「勝者的審判」，因此，不能接受東京審判對「甲級戰犯」的處罰。東京審判的確是「勝者的審判」，但是，被告們有辯護律師，辯護律師在法庭上公開對審判是否正當提出了質疑，印度的帕爾法官所持的少數意見得以提出，說明關於東京審判是否正當這一問題並沒有被忽略。對納粹德國進行審判的紐倫堡國際軍事審判也是「勝者的審判」，不能因此就說為納粹德國的指導者定罪是錯誤的。關於日本的「甲級戰犯」，即使圍繞具體判決是否妥當的問題或許會有爭議，但是，戰爭指導者動員國民參與戰爭，給亞洲國家的人民帶來了重大損失，他們的責任顯然不能置若罔聞。

東京審判中存在的重大問題，與其說是在於受到懲罰的人，不如說是在於沒有受到懲罰的人。由於東京審判是「勝者的審判」，從東京大空襲到廣島、長崎原子彈轟炸，美國自身所犯下的重大戰爭罪行當然不會受到懲罰。然而，「甲級戰犯」雖然受到了懲罰，但對他們所侍奉的君主，自始至終擔任帝國陸海軍「大元帥」、也就是最高軍事長官的昭和天皇卻不予起訴。這是出於美國的意志，是美國對蘇聯、中國、澳大利亞等國提出的追加起訴的提議進行壓制的結果。日軍七三一部隊等犯下的戰爭罪行，也由於美國的意志而沒有受到懲罰。

還有，剛從日本的殖民統治下獲得解放的朝鮮，因為「不是日本的交戰國」而沒有被視為戰勝國，從而未能參加「勝者的審判」。同為殖民地宗主國的美國、英國、法國、荷蘭等戰勝國既不願意、也沒有能力追究日本的殖民統治責任。

作為現實問題，在結束日本被聯合國佔領，恢復主權的《舊金山和約》中，日本政府接受了聯合國對戰犯的「判決」。這是一個事實。如果以「勝者的審判」為理由拒絕接受東京審判的結果，並拒絕接受對「甲級戰犯」的判決的話，那麼，就推翻了日本在戰後獲得國際社會承認所必需具備的條件。中曾根首相參拜靖國神社受到中國的批判後，後藤田正晴官房長官承認，日本在《舊金山和約》中接受了東京審判的「判決」。此後中曾根首相沒有再度參拜靖國神社，這當然是出於對亞洲國家、尤其是中國的立場的顧慮，但同時也是因為中曾根首相基於上述歷史事實，認識到不能無視中國政府在

「甲級戰犯」問題上的立場。

04．中國的政治立場

在日本，人們普遍認為，中國政府以「甲級戰犯」的合祀為理由批判日本的首相參拜靖國神社，是在徹底追究日本的戰爭責任。然而在我看來，從某種意義上說，事情恰恰相反。中國政府是想通過把問題限定在「甲級戰犯」合祀這一點上，尋求達到某種「政治解決」。

追究「甲級戰犯」合祀的問題，反過來說，也就是**對其它問題不加追究**。正如前面提到的，祭祀在靖國神社裡的不只是「甲級戰犯」，這裡還祭祀著以違反交戰法的罪名被處決的所謂「乙級、丙級戰犯」，以及雖然不是戰犯，但在日中戰爭中死去的高級將校們，也就是指揮日中戰爭的日本的將軍們。如果中國要徹底追究日本的戰爭責任的話，是不會對這些合祀者置若罔聞的。正如東洋學園大學教授朱建榮所說，只能理解為「對乙級、丙級以下的戰犯不予追究，以此尋求取得政治解決」。

也可以這樣說，「甲級戰犯」以外的問題不予追究，也就是**對於靖國神社本身不予追究**。不僅如此，甚至可以說中國政府（也包括韓國政府在內）**所追究的不是「甲級戰犯」的合祀這一問題**。在這裡要再一次強調的是，中國政府對參拜進行批判，不是在「甲級戰犯」合祀一事公開之後，而是在高唱「戰後政治總決算」、打出新國家主義旗號的中曾根首相對靖國神社進行「公式參拜」[2]之後。中國政府批判的矛頭所指，不是靖國神社作為日本的一個宗教法人對「甲級戰犯」進行合祀一事，而是靖國神社裡合祀著這樣一些戰犯之事為世人所知之後，日本的首相竟公然參拜靖國神社這一**現在的政治行為**。

實際上，在中曾根首相參拜靖國神社之時，當時的駐日大使章曙就已經表明了中國方面的基本立場，他說：「只要（甲級戰犯合祀）問題能夠正確解決，就絕對不難找到（靖國問題的）解決方法」（一九八五年十二月二十七日在日本記者協會的演講）。

2　公式參拜：指以官方身份所進行的正式參拜。

恰巧在小泉首相第一次參拜之前就任駐日大使的武大偉說：「**參拜普通戰歿者完全沒有問題**，問題在於（靖國神社裡）合祀著甲級戰犯」（二〇〇一年七月三十一日）。這些談話清楚地反映了中國政府在戰後常常表明的在戰爭責任論問題上的立場，那就是將「日本軍國主義者」和普通的「日本國民」區別開來，對中國發動侵略戰爭的責任在日本軍國主義者而不在普通的日本國民。

一九八五年中曾根首相參拜之時，中國外交部發言人也指出：「日本軍國主義發動的侵略戰爭，為亞洲、太平洋地區各國人民帶來了重大災難，日本人民自身也蒙受了損害」。並指出由於靖國神社裡「合祀著東條英機等戰犯」，首相的參拜「將會傷害包括**中日兩國人民**在內的深受日本軍國主義之害的亞洲各國人民的感情」。就是說，中國政府的立場是，指揮侵略戰爭的「日本軍國主義者」以外的日本「人民」，和中國「人民」一樣，也是日本軍國主義的受害者。

這一立場包含了兩層意義。第一，向日本國民呼籲增進日中友好，號召日本國民起來和中國人民一起反對「日本軍國主義的復活」。第二，說服本國國民，雖然中國在戰爭中遭受了很大的損害，但是為了中國今後的發展，應該防止「民族復仇主義」情緒抬頭。

只追究戰爭指導者的責任，至於用具體的侵略行為給中國人民帶來傷害的日本軍士兵，則視為被「日本軍國主義者」動員而參與戰爭的「受害者」，中國政府的這一立場，在實際受到戰爭傷害的中國人民看來，這是**大幅度的政治讓步**。

對此，日本方面有可能做出的「合理的」政治反應，便是「將甲級戰犯從靖國神社中分祀出去」。所謂「分祀」，是指將合祀在一處的靈魂中的一部分分出來，移往別處祭祀。

事實上，中曾根內閣在遭到中國方面的批判後，曾經試圖實現甲級戰犯的分祀。順便要提到的是，小泉首相的反應與此截然相反，其缺乏合理性令人驚訝。小泉說：「按照日本人的國民情感，人死了之後都是佛，甲級戰犯在世時已經受到了死刑的懲罰，（中略）人都死了，有什麼必要把他們分那樣清呢？」（載二〇〇一年七月十二日《朝日新聞》）。作為一個國家的指導者，小泉首相的這番話實在太不像話了。明明說的是神社的問題，他卻偏偏不談「神」而談「佛」，他還無視反感靖國神社的日本基督教徒們的情感，說什麼「日本人的國民情感」。明明合祀在靖國神社的甲級戰犯中被處死刑的只有前首相東條英機等七個人，其餘七個人是病死或死在獄中的，他卻把甲級戰犯都說成好像都是被處死刑似的。在那之後，小泉首相始終把對甲級戰犯合祀的批判說成是對死者的歧視。

05．分祀是否有可能實現？

然而，中曾根內閣試圖分祀甲級戰犯的計畫並沒有成功。原因何在呢？第一，靖國神社明確反對分祀。一九八六年二月二十七日，靖國神社奉贊會會長大槻文平受後藤田正晴官房長官之托前往靖國神社，下面是他和靖國神社宮司松平永芳會談的內容。

大槻會長——我不是這方面的專家，（對這件事）不太瞭解，能不能撤銷對甲級戰犯的合祀？

松平宮司——這絕對辦不到。神社設裡有「座」，就是給神坐的坐墊。和其他神社不同，靖國神社裡只有一個「座」。二百五十萬魂靈坐在同一個坐墊上，不能把他們分開。

大槻會長——知道了。我回去後會轉達的。

（載一九八七年十月一日《每日新聞》）

總之，根據靖國神社的「教義」，一經合祀為神，祭祀就不能撤銷。對於政府的上述動向，《神社新報》社論表示憤怒：

出於政治目的，歧視神社裡的祭神，撤銷合祀或者（把一部分神）祭祀到別的神社裡，這本來就是對祭神的褻瀆。決不能贊同這種做法。

（載一九八六年一月二十日《神社新報》）

第二，在被合祀的甲級戰犯的遺屬中，東條家族持反對態度。一九八五年十一月十四日，參議院議員板垣正（被處死的甲級戰犯、原陸軍大臣板垣征四郎的長子）前往東條家，就甲級戰犯的遺屬請願要求撤回合祀一事徵求意見。東條的孫女東條由布子是這樣描述當時的情形的。

按照中曾根總理的意向，板垣（原陸軍大臣板垣征四郎）的遺屬、當時任參議院議員的板垣正負責對神社方面和我們（遺屬們）進行遊說。板垣議員拿著《要求從靖國神社撤回合祀》的簽名簿一一造訪了被處死的七個人的遺屬的家。其他六個人的遺屬都簽了名，只有東條家沒有簽名，我們不同意撤回合祀。

當時，我的叔父（東條）輝雄寫信給我母親，說明為什麼沒有簽名的理由。信上寫道：「出於如此這般的理由，我沒有簽名。希望嫂子也能同意」。叔父反對分祀，並不是出於作為東條的次子的骨肉之情，而是認為不能屈服於他國的干涉而同意分祀。撤回合祀就等於接受東京審判這一由戰勝國單方面做出的裁決。那樣的話，就對不起一心一意為日本、為自己的親人而死去的二百四十六萬多名英靈。我想，他是這麼想的吧。

（刊載於《甲級戰犯合祀是不是靖國問題的桎梏？》，PHP研究所《檢證・什麼是靖國問題？》，二〇〇二年）

由於遺屬們的意見不一致，也由於靖國神社的強烈反對，甲級戰犯的分祀最終沒能實現。這裡面臨著一個棘手的問題。如果靖國神社不同意分祀，而政府出於政治需要強制實行分祀的話，這是違反憲法規定的政教分離原則的。事實上，在一九八六年，屬於靖國派的神道政治聯盟的會長，曾經抗議政府和執政黨要求撤銷合祀為違憲之舉。靖國神社是得到東京都知事承認的獨立的宗教法人，所以政府無法對其活動進行干涉。

那麼，分祀是不是絕對不可能實現呢？那也不一定。被處死刑的七個人的遺屬中，有六個人的遺屬曾經表示同意分祀，所以，不能排除七家遺屬都同意分祀的可能性。說靖國神社和其他神社不同，裡面「只有一個座」，所以「一經合祀的魂靈就不能撤出」，正說明靖國神社不同於其他神社，是明治初期創立的一個設施，並不代表日本自古以來的神社、神道的傳統。自己修改自己定下的規矩，這不應該做不到。也就是說，只要靖國神社同意分祀、並得到所有遺屬同意的話，不能說分祀絕對不可能實現。

在小泉首相一再參拜靖國神社，導致日中首腦會談都難以進行的情況下，原首相中曾根再次提出了甲級戰犯分祀的解決方法。對此，靖國支持派們的反對態度仍然十分強硬。在此情形之下，不得不說**「政治解決」**幾乎沒有可能性。

06．代罪羔羊與不追究責任

如上所說，甲級戰犯的分祀實際上極為困難。而且，即使能夠實現甲級戰犯的分祀，那也只能說是政府之間的「政治解決」。

我要強調的是，有關甲級戰犯分祀的議論，不但不能深化與靖國神社有關的歷史認識，反而妨礙了認識的深化。把靖國問題作為甲級戰犯分祀問題來討論，看起來似乎是對戰爭責任問題的重視，實際上反而會使戰爭責任問題變得無足輕重。而且，將會導致更為本質性的歷史認識問題從人們的視野中消失。

現在，讓我們假設實現了甲級戰犯的分祀，那麼，情況會怎樣呢？

那時，日本的首相將對靖國神社進行「公式參拜」。對此，中國政府、韓國政府不再提出任何抗議。日本的首相，比如小泉首相稱頌「英靈」們「崇高的犧牲」是「今天日本的和平與繁榮的基礎」，對他們表達「感謝和敬意」。其次，天皇恢復自甲級戰犯合祀一事公開之後一直中斷的對靖國神社的「御親拜」（親自參拜）。因為那些要求首相「公式參拜」靖國神社的人，最終就是想要實現天皇的「御親拜」。

接下來再設想一下，如果中曾根政權在一九八五年、一九八六年實現了甲級戰犯的分祀。那麼，情況會怎樣呢？

「正如美國有阿靈頓，蘇聯和其他外國也有無名戰士之墓一樣，每個國家都有國民對為國捐軀者表示感謝的地方。這是理所當然的。如果不這樣的話，誰會為國家奉獻生命呢？」（中曾根首相一九八五年七月二十五日在自民黨輕井澤研討會上的發言）有如此這般豪言壯語的中曾根首相，將會多次參拜靖國神社。

再設想一下，當時的天皇昭和天皇將會恢復對靖國神社的「御親拜」。這意味著什麼？

問題的關鍵在於，它在某種意義上**重現了東京審判中存在的重大問題**。

昭和天皇參拜排除了甲級戰犯的靖國神社，對「英靈」們進行撫慰。把戰爭責任集中到甲級戰犯們身上，使他們成為代罪羔羊，這樣，就免除了昭和天皇的戰爭責任，而絕大多數普通國民也對自己的戰爭責任不加追究。這種情景和東京審判一模一樣。一方面，免除了作為「大元帥」的帝國陸海軍最高司令官的昭和天皇和天皇制度的責任，另一方面，普通士兵——雖然在身不由己地被動員參與戰爭並戰死這一點上，他們是受害者，但是從實際從事侵略活動的角度來說，他們是加害者——的責任也絲毫不予追究。而且，靖國神社出於天皇的權威、作為天皇的神社，曾經在動員士兵們參與戰爭時發揮過決定性的作用，作為「戰爭神社」的靖國神社的戰爭責任也完全沒有受到追究。

原內閣官房長官野中廣務的下面這一番話，也體現了甲級戰犯分祀論中所包含的上述代罪羔羊邏輯：「必須有人來承擔戰爭責任。讓甲級戰犯來承擔第二次世界大戰的責任，要把他們(從靖國神社中)分祀出去」(一九九九年八月)。所謂「必須有人來承擔戰爭責任。讓甲級戰犯來承擔第二次世界大戰的責任」，這種把責任強加於人的作法過於機會主義了。很明顯，關於甲級戰犯分祀的議論，將會使戰爭責任問題變得無足輕重。

07・戰爭責任論中被忽略的問題

然而，就是這樣的戰爭責任論，在歷史認識問題上還僅僅只開了一個頭。問題的關鍵是，「戰爭責任」一詞或者「圍繞戰爭責任的討論」，本身是不是就阻礙了歷史認識的深化？

什麼是「戰爭責任」？在戰後的日本，最狹義地說，「戰爭責任」一詞意味著在對美國的戰爭中失敗的責任，即使最廣義地說，它也沒有超出東京審判所追究的責任的範圍。東京審判所追究的是日本在一九二八年以後的戰爭責任，甲級戰犯是作為「滿洲事變」（一九三一年）和此後對中國的侵略戰爭以及太平洋戰爭的主要戰爭責任者受到懲罰的。

另一方面，從靖國神社的歷史來看，一八六九年創建東京招魂社，一八七九年改名為「靖國神社」並確立神社的地位後，它與近代日本國家進行的每一次戰爭都有關聯。那麼，在討論與靖國有關的歷史認識問題時，只要是在「戰爭責任論」的範圍之內，那麼實際上就必然會忽略「滿洲事變」以前發生的所有戰爭。

下面是靖國神社現在公佈的《歷次戰役事變合祀祭神數目》：

明治維新 7751
西南戰爭 6971
日清戰爭 13619
臺灣征討 1130
北清事變[3] 1256
日俄戰爭 88429
第一次世界大戰 4850
濟南事變 185
滿洲事變 17176

支那事變 191250

大東亞戰爭 2133915

總計 2466532

（截至平成十六年[4]十月十七日為止）

其中，合祀在靖國神社的臺灣人有二萬八千餘名、朝鮮人有二萬一千餘名、女性有五萬七千餘名。

從上面的數字來看，大約二百五十萬名合祀者中絕大多數（大約二百三十萬）是「支那事變」即日中全面戰爭和「大東亞戰爭」即太平洋戰爭中的死者。但是，這些數字也證實了近代日本國家在這兩次戰爭之前，還進行了許多次戰爭。除了「明治維新」和「西南

3 北清事變：即義和團事件。

4 平成十六年：即二〇〇四年。

戰爭」是內戰以外，其後「日清戰爭」、「臺灣征討」、「北清事變」、「日俄戰爭」、「第一次世界大戰」、「濟南事變」、「滿洲事變」，每隔幾年就有一場對外戰爭。日本帝國就是通過在這些戰爭中獲勝而取得大片殖民地，並在此基礎上建立起一個大殖民帝國的。在回顧靖國神社的歷史時，我們不能忘記，沒有這些戰爭就不可能有日本對臺灣、朝鮮、樺太、南洋群島、「滿洲」等進行的殖民統治。而且，僅憑《歷次戰役事變合祀祭神數目》中的數字，還不足以充分瞭解靖國神社與日本殖民主義之間深入骨髓的關係。

一九三五年九月二十日發行的五卷本《靖國神社忠魂史》，是由當時的陸軍大臣官房、海軍大臣官房監修、靖國神社社務所編纂出版的長達五千多頁的巨著。從第一卷《第一篇 維新前記》的《第一章 尊皇攘夷論的勃興》到第五卷《第六篇 滿洲上海事變》共二十章，詳細地記載了天皇的軍隊進行的無數次戰爭的原因、背景以及每次戰役的經過，書中還記載了到當時為止進行的四十九次合祀中所祭祀的十三萬陣亡者是於何時、何地、怎樣死亡的，以及他們分別屬於哪個部隊、什麼級別、出生於哪個縣。

今天日本政府所說的「上一次大戰」，指的是從「支那事變」即日中全面戰爭開始到「大東亞戰爭」即太平洋戰爭結束的這一段時期，在這一時期裡，日本戰死的軍民共有三一〇萬人。從靖國神社公佈的數字看，僅「支那事變」和「大東亞戰爭」的合祀人數，就占所有合祀者總數的百分之九十以上。但是，在談論與靖國神社有關的戰爭時，如果因此就只談日中戰爭和太平洋戰爭的話，五卷本五千多頁《靖國神社忠魂史》中所記載的在此之前發生的日本的戰爭，就會統統被忘卻。《靖國神社忠魂史》這類資料的重要之處在於，它從靖國神社的立場出發，記述了與靖國神社有關的戰爭的**另一種歷史**，即日中戰爭和太平洋戰爭以前日本所經歷的無數次戰爭的歷史——這些戰爭在靖國神社看來全都是「聖戰」。

08・「臺灣理番」——僅舉一例

《靖國神社忠魂史》中尤其值得注意的，是關於日本殖民主義歷史的敘述。翻開這本書，除了前面提到的《歷次戰役事變合祀祭神數目》中的「日清戰爭」、「日俄戰爭」、「第一次世界大戰」、「滿洲事變」等大規模的戰爭之外，一八七四年日本軍最早向海外派兵的「臺灣出兵」，一八八二年到一八八四年的「朝鮮事變」、甲午戰爭後的「臺灣征討」（一八九五年）、吞併韓國前後的「韓國暴徒鎮壓事件」（一九〇六到一九一一年）、為鎮壓臺灣原住民而進行的「臺灣理番」（一八九六到一九一五年）、「臺灣霧社事件」（一九〇三年）、「滿洲事變」後對「匪徒及不逞鮮人」的「討伐」（一九三一到一九三二年）等等，**日本軍為獲取殖民地和鎮壓抵抗運動而進行的戰爭**，都被記述為正義的戰爭，在這些戰爭中死亡的日本軍將士都被作為「英靈」而得到彰顯。

例如，該書第一卷〈第六篇　明治二七・八年戰役〉用十二章、四三八頁的篇幅記述甲午戰爭的歷史。在最後第十二章《臺灣討伐》中，以一百二十頁的篇幅記述了前面引用過的《時事新報》社論《應為陣亡者舉行大祭禮》中提到的「臺灣戰爭」的經過。其中的第一節《基隆．臺北的佔領》是這樣開頭的：

近衛師團三貂灣登陸

根據四月十七日簽訂的《下關條約》[5]，臺灣和澎湖列島成為帝國的版圖。五月十日，海軍大將樺山資紀男爵被任命為首任總督，同月十八日，指揮近衛師團和常備艦隊，承擔起接收新領土的任務。

（中略）

東鄉司令官率浪速、高千穗兩軍艦於二十五日開達淡水港外，向停泊在該處的英國軍艦詢問情況，得知島上人心騷動，反抗氣勢不同一般。

5 《下關條約》：即《馬關條約》。

事實上，得知《下關條約》締結的消息之後，島上許多居民不願讓臺灣成為我國領土，他們四處集結黨徒，指望得到幾個督撫的支持，建立共和國。五月二十五日，擁戴唐景崧為總統，劉永福為軍務總統，向歐美國家發出照會，同時也向全島發出了通告。此事越發煽動了民眾的反抗情緒。我陸海軍正是在這種極端險惡的時刻出動，前往接收臺灣的。樺山總督起初尚未決定應該採取和平手段還是應該使用武力，當他在臺灣海面聽到這一情況後，斷然決定以武力方式執行任務，一登陸便進入了臨戰狀態。

就這樣，日本通過對反抗者進行武力鎮壓，開始了對臺灣的殖民統治。不久，日本為了實行對臺灣全島的統治、掠奪臺灣的所有資源，開始了對生活在從臺灣中部高地到東部的原住民的「討伐」。該書第五卷〈第一篇 臺灣理番〉以六十八頁的篇幅描述了「討伐」的經過。

什麼是「理番」？該書第一章《概論》的開頭部分這樣寫道：「理番就是治番，也就是治理番人、番族。以下介紹的是臺灣島成為我國領土後，是如何治理居住在那裡的番人和番族的，以及為此犧牲了多少寶貴的生命」。

就是說，「臺灣理番」就是擔負著「文明開化使命」的大日本帝國的軍隊，為了使臺灣野蠻的原住民能沐浴天皇統治的光輝而進行的戰爭。《靖國神社忠魂史》要記述的，是在此過程中日本軍「為此犧牲了多少**寶貴的生命**」。《概論》接著寫道：

> 有人會以為番人是一些不值一提的人，其實決非如此。番人居住的地方多在斷崖絕壁之處，上面岩石崎嶇聳立，下面數百尺深的山谷裡激流奔騰，非人力所能接近。加上當地獨特的氣候和疾病，更增加了討伐者們的辛酸和勞苦。雖說都是為了國家，但和那些與有文明的敵人作戰，光榮地戰死疆場的人相比，他們的境遇是何等不同。我們應該對這些人表示深深的**感謝和同情**。
>
> 從那以後，由於參與理番的人們的苦心經營，理番的成績逐年上升，原

先達抗官命的番人，也紛紛前來歸順、心懷感激。因此，島上的番人教育、產業工藝也日漸興隆、發達。但是，局勢尚未達到理想狀態，偶爾還會發生大的番害。所以，明治四十二年，當時任（臺灣）總督的陸軍大將佐久間左馬太伯爵做出重大英明決斷，制定了五年計劃，在五年內每年進行徹底進攻大規模討伐，徹底地懲治凶番，以提高治番成果。討伐一直持續到大正三年，達到了預期的目的。此後，臺灣島便變得像今天一樣繁榮了。這都是因為採取了高明的理番手段，也是**托在理番中以身殉國的忠勇義烈之士的福，我們應該永遠弔唁他們的魂靈**。

在臺灣的日本軍制定「五年計劃」，持續「討伐」原住民，對他們進行了「徹底的懲治」，「在大正三年」終於「達到了預期的目的」。該書《第一篇 臺灣理番》稱那些為了徹底征服臺灣原住民而「獻出寶貴生命」的日本軍士兵為「英靈」，該篇的副題是《自臺灣總督府設立至大正四年最後一次合祀為止》。

該書《第二章 第一期討伐》的開頭部分詳細記錄了一八九六年（明治二十九年）進行的「臺灣族麻里巴社討伐」的經過，稱「這次討伐是我國獲取臺灣之後，第一次對番人出動軍隊」，並記錄了在這次「討伐」中陣亡的三名日本軍士兵的名字。他們成了征服臺灣原住民的戰爭中最早進入靖國神社的「英靈」。

臺灣憲兵隊第三區隊　明治二十九年十月十五日
本霧社　曹長（上士）大塚米次郎　茨城
臺灣守備步六連　同日
阿乳芒社　一等兵　永尾十代吉　長崎
臺灣守備步六連　明治二十九年十月二十二日
麻色　一等兵　溝上仁藏　福岡

順便要指出的是，前面提到的高金素梅編輯的照片集《無言的幽谷》記錄的正是「臺灣理番」的情形。裡面收錄的大約九十張照片，活生生地記錄了日本軍闖入「多在斷崖絕壁之處，上面岩石崎嶇聳立，下面數百尺深的山谷裡激流奔騰，非人力所能接近」之地，用各種「方法手段」對原住民進行武力攻擊，「徹底懲治凶番，以提高治番成果」的情景。

照片集封面上的照片，攝下了投降日本軍後身著日軍軍服的原住民協助日軍進行「臺灣理番」、砍下其他部族人首級的令人震驚的瞬間。還有天皇「嘉許」日軍部隊深入重山峻嶺、取得戰功的獎狀的照片。在關於「部隊祭祀」的部分裡，還留下了為在激戰中犧牲的戰友建造「忠魂碑」、舉行祭奠儀式的日軍士兵的身影。正是那些在「忠魂碑」上留下姓名的陣亡者，不久之後被合祀在靖國神社，他們的名字被載入了《靖國神社忠魂史》的祭神名單。高金素梅在一個偶然的機會接觸到這些照片，大大加深了對歷史的認識，並成為起訴小泉首相靖國神社參拜違憲訴訟臺灣人原告團的核心人物，這決非偶然。

《靖國神社忠魂史》裡，記載著在「討伐」原住民的「臺灣理番」過程中戰死的大約

日本軍祭奠在鎮壓臺灣原住民的戰鬥中死去的士兵（載高金素梅編《無言的幽谷》）（新世語文化有限公司提供）

一千五百個「英靈」的名字。違抗天皇統治的「蠻人」，在包括這些「英靈」在內的日本軍士兵的進攻下，像「害蟲」一樣（當時使用的「蠻害」一詞反映出了這一點）遭到殺戮，原住民死者的人數遠遠超過陣亡的日軍士兵人數。不用說，他們的名字是不會出現在《靖國神社忠魂史》裡的。關於日本對臺灣進行殖民統治的歷史，《靖國神社忠魂史》還以第五篇整篇的篇幅記述了「臺灣霧社事件」。「霧社事件」是位於臺灣中部霧社的原住民反抗日本的壓迫而同時發動起義的著名事件。關於這一事件，該書按照《概要》、《原因》、《員警部隊的行動》、《軍隊的行動》、《憲兵的行動》的順序，站在「討伐」「凶蠻的反叛」的立場上，詳細敘述了事件的經過。在最後，還記載了在這次事件中成為「英靈」的二十二名士兵和員警的姓名，並刊載了包括「霧社事件的元兇莫那魯道」在內的三名原住民的照片。

09．應該保衛的「國家」與殖民帝國

就這樣，五卷本《靖國神社忠魂史》**把日本為推行殖民統治而進行的戰爭彰顯為光榮的戰爭，把靖國神社的「英靈」們的死彰顯為為建立殖民帝國而付出的「寶貴的犧牲」**。在這個意義上，該書具有極為重要的史料價值。如果把「戰爭」限定為太平洋戰爭和日中戰爭的話，那麼，在此之前發生的這些以獲取殖民地為目的的無數次戰爭，必然會從人們的視野中消失。可以說，這些戰爭幾乎不為人們所知。靖國神社的死者中絕大多數是太平洋戰爭時期的「英靈」，他們被說成是為了「保衛國家」而戰死的。然而，他們要保衛的國家，正是通過在此之前進行的許多次戰爭而構築起來的殖民帝國，這個殖民帝國本身就是日本軍對亞洲國家進行侵略的產物。

下面，讓我們參考靖國神社社務所一九七二年發行的《靖國神社略年表》，看一看靖國神社為殖民統治中戰死的日本軍將士舉行合祀的情況。

在一八七五年二月二十一日舉行的招魂儀式上，十二名「**臺灣出兵**之陣亡者」被合祀（第四次合祀）。在一八七六年一月二十六日舉行的招魂儀式上，一名「**江華島事件**陣亡者」被合祀（第六次合祀）。在一八八二年十一月五日舉行的招魂儀式上，在「**朝鮮京城事件**」（即壬午之變）的十二名「遇難者」被合祀（第十二次合祀）。一八八五年五月五日，「**朝鮮京城事件**」（即甲申之變）中的六名陣亡者被合祀（第十五次合祀）。

接著，一八九六年五月五日、十一月五日、一八九八年十一月四日、一八九九年五月五日、同年十一月五日、「日清戰役及在**臺灣・朝鮮**的陣亡者」共一〇二四人被合祀（第二十三次、第二十四次、第二十五次、第二十六次、第二十七次合祀）。一九〇〇年五月五日，一名「**在討伐暴徒中陣亡的臺灣守備隊員**」被合祀（第二十八次合祀）。一九〇一年十月五日、一九〇四年五月五日、甲午戰爭、義和團事件以及「**在討伐暴徒中陣亡的臺灣守備隊員**」共四四四人被合祀（第二十九次、第三十次合祀）。一九〇九年五月四日、一九一〇年五月五日、「**韓國暴徒鎮壓事件**中的死者」一五九人被合祀（第三十五次、第三十六次合祀）。一九一一年五月四日，「**朝鮮暴徒事件**中的死者」

二十七人、以及「在**平定討伐臺灣騷亂**中的死者」六〇四人被合祀（第三十七次合祀）。一九一三年十月十二日、一九一五年四月二十七日、「在**鎮撫臺灣騷亂**中的死者」共一三一人被合祀（第三十八、第三十九次合祀）。一九二〇年四月二十七日，「**滿洲鄭家屯事件**陣亡者」十一人被合祀（第四十一次合祀）。一九二一年四月二十七日，「在**鎮撫臺灣騷亂**中死亡的員警」十三人被合祀（第四十二次合祀）。一九三一年四月二十七日，「**臺灣霧社事件**死亡者」二十八人被合祀（第四十六次合祀）。

10．「英靈」之名下的囚徒

前殖民地出身的合祀者的存在，揭示了靖國神社與日本殖民主義關係中的另一個重大事實。根據靖國神社公佈的數字，截止二〇〇一年十月，臺灣出身的合祀者有二八八六三人、朝鮮出身的合祀者有二一一八一人，二者加起來大約有五萬人。這些前殖民地出身者被作為「護國之神」合祀在靖國神社裡。

這些合祀者大部分是隨著亞洲．太平洋戰爭的激化，在朝鮮、臺灣被動員參戰，成為日本軍的軍事、文職人員的。值得注意的是，當時任靖國神社宮司的賀茂百樹在《靖國神社忠魂史》卷首的序言（一九三五年七月）裡已經寫道：「從祭神的出生地區而言，遍佈全國各個町村，（靖國神社）也合祀著臺灣、朝鮮的同胞」。

總而言之，在靖國神社裡，作為對臺灣、朝鮮進行殖民統治和鎮壓的加害者而戰死的日本人和作為日本殖民統治受害者的臺灣人、朝鮮人，都被作為「護國之神」合祀著。遭受殖民統治之害的臺灣、朝鮮的遺屬不會不為此而感到屈辱。

據一九七八年四月十六日《朝日新聞》報導，一九七七年夏天，靖國神社把臺灣出身的二七八〇〇名軍事、文職人員的合祀通知書交給一位來日的臺灣人，託付此人將合祀通知書轉發給遺屬們。但是，出乎靖國神社的預料，此事反而使前殖民地出身者的合祀問題表面化了。一九七八年二月，在日臺灣人得知合祀通知書一事後，在東京召開了集會。他們說：「被一張紅紙（入伍通知單）徵召入伍而死去的同胞，沒有得到任何賠償，就這麼被一張白紙（合祀通知書）處理了，真是豈有此理」。他們向法院提起了訴訟，要求取消合祀。同一年來日的臺灣高雄市的一名雜貨商憤怒地說：「我父親作為（日本軍的）文職人員被拉走後，再也沒有回來。聽說是戰死在菲律賓了，可我們連戰死通知書都沒收到。一九七〇年，收到了靖國神社的合祀證明。但是，被半強制地帶走、含恨而死的父親，沒有徵得遺屬的同意就祭祀在作為異國宗教的靖國神社裡，對此他一定會感到憤怒的。不要再用這種方式侮辱臺灣人啦！」

一九七九年二月，臺灣「高砂族」遺屬代表團來日，第一次向靖國神社提出了撤銷合祀的要求。但是，他們的要求遭到了靖國神社的拒絕。

從當時擔任靖國神社宮司的池田良八權下面這一段談話中，我們可以瞭解到靖國神社拒絕撤銷合祀的理由。

戰死時他們是日本人，所以死後不可能不是日本人。他們是作為日本的士兵、懷著死後能被祭祀在靖國的心情而戰死的，所以不能因為遺屬們的要求就撤銷合祀。既然是他們自己要求和內地人[6]一樣協助作戰、自己要求作為日本人參加戰鬥的，那麼，被祭祀在靖國神社就是理所當然之事。在臺灣，大部分遺屬對合祀是持感謝態度的。

（載一九八七年四月十六日《朝日新聞》）

此後，靖國神社拒絕了包括韓國遺屬提出的要求在內的所有撤銷前殖民地出身者合祀的要求。

池田的這番話使人們不得不認為，雖然戰後幾十年過去了，靖國神社的殖民主義本質仍然絲毫沒有改變。因為「戰死時是日本人」，前殖民地出身的陣亡者就永遠得作為殖民統治下的「日本人」，當宗主國的「囚徒」。說是他們「**自己要求**和內地人一樣**協助作戰**、作為日本人參加戰鬥」的，世上還有比這更自以為是、更傲慢無禮的邏輯嗎？如果這不是殖民統治者對被統治者抱有的自以為是和傲慢無禮的態度的話，又是什麼？

二〇〇一年六月，五十五名韓國遺屬向東京地方法院提起訴訟，要求撤銷合祀。他們在申訴中說，自己的親人與對自己的國家進行侵略和殖民統治的「首謀者和積極參加者一起」，作為侵略國家的「護國英靈」被祭祀（在靖國神社），對於這種現狀，他們感到難以忍受的屈辱。靖國神社和日本不但從殖民地「半強制地」進行戰爭動員，在戰後很長時期內不向遺屬發布戰死通知，不歸還遺骨，一貫拒絕遺屬們撤銷合祀——在沒

6　內地人：指居住在日本本土的日本人。

有通知遺屬的情況下單方面進行的合祀——的要求、靖國神社不但拒絕人們取消合祀的要求，而且還繼續把這些日本殖民統治的受害者和加害者一起作為日本的「神」祭祀著。

第三章／

宗教問題

「神社非宗教」的陷阱

參拜結束後離開靖國神社的小泉首相。
（攝於二〇〇三年一月十四日／每日新聞社提供。）

01．再論情感問題

池田權宮司以如下理由拒絕了前殖民地出身的死者的遺屬們提出的撤銷合祀的要求：「（他們）戰死時他們是日本人，所以死後不可能不是日本人。他們是作為日本的士兵、懷著死後能被祭祀在靖國的心情而戰死的，所以不能因為遺屬們的要求就撤銷合祀。」

這一番話揭示了靖國神社作為陣亡者祭祀機構的本質。支持靖國神社的所謂靖國派們說，只有靖國神社才是日本追悼戰歿者的核心機構。然而，何為「追悼」？顧名思義，追悼就是後人「追憶」和「哀悼」死者的死。但是，誰也不能否認，對於死者的死，沒有比遺屬更加悲哀的了，沒有比遺屬更有權利進行追悼的了。人們對於公開追悼「甲級戰犯」意見不一，但是，即使是「甲級戰犯」，誰也不能否認遺屬們有權哀悼他們的死。在德國，希特勒無法成為公開追悼的對象，但是，如果希特勒有遺屬的話，誰也不能禁止遺屬追悼他的死。

假如死者的親人站在遺屬的特殊立場上拒絕死去的親人成為特定的公開追悼的物件，情況又會怎樣呢？假如遺屬出於對死去的親人的哀悼之情，拒絕死者成為某個特定集團的追悼對象的話，又會怎樣呢？靖國神社漠視了遺屬們的這種情感，說「不能因為遺屬們的要求就撤銷合祀」。

這種態度不僅僅是用來對待前殖民地出身的死者們的。在前殖民地出身的死者們的遺屬提出撤銷合祀的要求之前，日本人死者的遺屬們已經提出了撤銷合祀的要求。一九六八年，基督教新教牧師角田三郎「明治以來第一次」提出了撤銷祭祀的要求，向靖國神社提出了「靈璽簿抹消要求」，即取消對他的兩個哥哥的祭祀，但是，他的要求遭到了拒絕。在此之後，「基督教徒遺屬會」一再要求撤銷合祀，都遭到了靖國神社的拒絕。

對於角田牧師的要求，靖國神社的回答如下：「根據本神社創建的宗旨和傳統，無論如何也無法滿足您的要求」。池田權宮司在和角田牧師的會談中說：「陣亡者的合祀是按照天皇的意志進行的，和遺屬的意志無關，所以不能撤銷」（載角田三郎《靖國與鎮魂》，一九七七年）。

總而言之，按照靖國神社的邏輯，合祀完全是按照「天皇的意志」進行的，所以一經合祀，不管是「甲級戰犯」還是前殖民地出身的人，無論是什麼人，即使他們的遺屬要求撤銷合祀，也決不能同意。在這裡，遺屬們的情感完全不起作用，完全被忽視了。

讓我們來看一看什麼是「天皇的意志」吧。下面是東京招魂社改稱「靖國神社」，被定為「別格官幣社」時的「祭文」（一八七九年六月二十五日）。

奉天皇之大命，式部助兼一等掌典正六位丸岡完爾於神前宣告如下。自神國肇興畝旁[1]橿原宮，皇統雖續，政治衰微，故行復古。明治元年以降，

1　日本奈良盆地南部的古地名，位於現在的奈良縣橿原市畝旁町。

懲內外暴虐之賊，順應人心。爾等以赤子之心，拋棄身家，為國捐軀。大皇國念爾等高功，改其名為靖國神社，定為別格官幣社，以幣帛奉之。自今日起，永不間斷祭祀。在此，誠惶誠恐傳達天皇之大命。

意思是說，從明治維新到現在，天皇在懲治國內外暴虐之徒，馴服不馴之徒的過程中，由於你們以忠誠之心拋棄身家、光榮戰死，立下「高功」，才得以統治「大皇國」至今。（中略）天皇念及於此，今後對你們的祭祀將「永不間斷」。

很明顯，這裡既沒有對陣亡者的絲毫哀悼之情，也沒有對遺屬們的絲毫安慰之意。有的只是對作為天皇軍隊的一員，在與敵作戰中死去的人們的「高功」的讚賞，和永遠彰顯其「高功」的天皇的「意志」。

在第一章裡我們看到，「為國奉獻愛子」的「光榮母親」們說：「孩子是送給天子的」，「咱們這樣人的孩子能給陛下派上用場，真是感激不盡啊」。高神覺升在《靖國的精神》中對「忠靈的遺屬」們說，日本國民「無論是身體還是生命，都是天皇賜予的」，家裡的兒子、丈夫戰死了，就是「把陛下賜予的東西還給了陛下」，所以不應該悲傷，應該高興才是。既然所有的日本國民都是天皇的「赤子」，那麼，天皇對日本軍即「皇軍」士兵的死表示哀悼，是在為失去「赤子」而哀悼，這跟遺屬們的悲哀，跟他們的情感沒有任何關係。如果「皇軍」士兵本來就不屬於他們的親人而屬於天皇的話，那麼「天皇的意志」當然優先於遺屬們的意志，因此被祭祀在靖國神社也是「理所當然」之事，一經合祀，是「不能按照遺屬們要求撤銷」的。

池田權宮司所說的「**陣亡者的合祀是按照天皇的意志進行的，和遺屬的意志無關，所以不能撤銷**」，這話很值得注意。如果真是如此的話，那麼，被無視的就不僅僅是要求撤銷合祀的遺屬們的意志和情感了。就連那些要求自己戰死的親人得到合祀的遺屬們的意志和情感，也可以說只是**碰巧**和「天皇的意志」相一致而已。**從本質上說**，它們也是被無視的。

總之，靖國神社本質上是一個無視遺屬的意志和情感的機構，它尊重的只是「天皇的意志」。為合祀在靖國神社而感到光榮的遺屬們，他們的情感之所以看起來好像得到了尊重，其實只是因為它碰巧與「天皇的意志」相一致。靖國神社把「為天皇和國家而死是光榮之事」、「戰死疆場是幸福之事」之類的情感強加給了人們。

就這樣，靖國神社這個按照明治天皇的命令創建的「天皇的神社」，在戰敗六十年後的今天，其本質仍然絲毫沒有改變。殖民主義也好，天皇制度也好，前日本帝國的意識形態在靖國神社原封不動地被保留了下來。

從要求撤銷合祀的遺屬們看來，這未免太不合情理了。無論是前殖民地出身的死者的遺屬、還是日本的遺屬，對於自己的親人被作為「神」祭祀在這樣的地方感到難以忍受的痛苦，要求撤銷合祀，他們的要求當然應該得到滿足。五十五名韓國遺屬提起的要求撤銷合祀的訴訟將有何種結局，完全無法預測。如果法院做出撤銷合祀的判決的話，它會不會是權力——是司法權而不是行政權——對宗教的干涉，這還是一個有爭議的問題。不管怎麼說，最好的解決辦法是靖國神社自己接受遺屬撤銷合祀的要求。

02．政教分離問題

讓我們假設一下，靖國神社答應了遺屬們提出的撤銷合祀的要求——當然，看來這不可能成為現實；再讓我們假設一下，靖國神社同意將「甲級戰犯」分祀——這看來也不可能成為現實。那麼，借用一句人們常用話來說的話，將會有更多的人「心無芥蒂」地去參拜靖國神社。對於像小泉首相那樣執意要參拜靖國神社的首相來說，應該說參拜的外在條件具備了。但是，還有一個最為重要的問題還沒有解決，那就是日本國憲法規定的政教分離的問題。

日本國憲法第二十條規定如下：

①保障所有人的信教自由，任何宗教團體不得從國家接受特權或行使政治權力。

②不得強制任何人從事宗教活動、參加宗教慶典、儀式或活動。
③國家及其機關不得從事宗教教育或其他任何宗教活動。

一般認為，憲法第二十條，尤其是其中第三項禁止「國家及其機構」「從事任何宗教活動」，憲法第八十九條禁止以公款從事宗教活動，構成了禁止政治和宗教相結合的「政教分離」規定。根據這些規定，不允許特定的宗教團體——如靖國神社這樣的「宗教法人」——和國家保持特殊的關係。憲法的這一規定，無疑出自對以往歷史的反省——神社神道[2]在戰前、戰爭時期成為「國家神道」，作為事實上的國教，強制包括日本國民和殖民地的人民在內的所有天皇的「臣民」必須對「國家神道」保持忠誠。雖然政教分離一般被認為是近代國家的原則，但是在不同的國家，體現政教分離的形式不盡相同，日本國憲法關於政教分離有嚴格的規定。仙台高等法院一九九一年一月十十日對岩手靖國訴訟做出的判決，第一次明確判定首相、天皇對靖國神社進行「公式參拜」為違憲行為。這次訴訟最初的發端，是岩手縣議會做出議決，要求天皇和首相對靖國神社進行「公式參拜」，岩手縣的住民針對此事向法院提起了訴訟。仙台高等法庭的判決如下：

天皇、內閣總理大臣對靖國神社進行公式參拜的行為帶有宗教目的，其行為乃是國家或國家機關喚起人們對特定的宗教之關心的行為。而且，出於對以官方身份進行該項公式參拜所導致的直接、外在的影響，以及將來可以預想的間接、潛在的影響的綜合考慮，按照我國憲法所依據的政教分離的原則，不能不斷定公式參拜所體現的國家與作為宗教法人的靖國神社之間的宗教上的關係已經越過了適當的界限。

（中略）

因此，該項公式參拜屬於憲法第二十條第三項所禁止的宗教活動。

2　神社神道：參見第一章注7。

根據政教分離的原則不難推測，天皇的公式參拜顯然將為國家和社會帶來內閣總理大臣的公式參拜所無法比擬的影響。

對於這一判決，作為被告的日本政府向最高法院提起了特別上訴，但上訴被駁回，仙台高等法院的判決成為最終判決。中曾根首相對靖國神社進行公式參拜後，很快發生了三起違憲訴訟，都在九十年代初期得到了法院做出的最終判決。其中，只有最高法院對播磨靖國訴訟做出的判決（一九九三年三月十八日）沒有涉及參拜是否違憲的問題。福岡高等法院對九州靖國訴訟做出的判決（一九九二年二月二十八日）指出：「如果繼續進行公式參拜的話，將是違憲行為」。大阪高等法院對關西靖國訴訟做出的判決（一九九二年七月三十一日）指出，「公式參拜」「有違憲之嫌」。三項最終判決中有兩項傾向於認為對靖國神社的「公式參拜」違反憲法，而沒有一項判決認為公式參拜合乎憲法。

另外，雖然不是針對首相參拜靖國神社而提起的訴訟，在與靖國神社有關的政教分離訴訟中，最有名的是愛媛玉串料[3]訴訟。

愛媛縣知事多年來共動用十多萬日元的公費，支付參拜靖國神社時捐獻的玉串料。愛媛縣議會向法院提起訴訟，控告知事的這一行為違反了憲法的規定。一九九七年四月二日，最高法院大法庭以十三票對兩票的表決結果，做出了違憲判決。理由是什麼呢？判決書指出：「地方公共團體以本案的方式與特定的宗教團體發生關係，將會給人們造成縣（指愛媛縣）在支持特定的宗教團體、因而這些宗教團體不同於其他宗教團體的印象，不能不說這將會喚起人們對特定的宗教的關心。」

愛媛縣知事僅僅給靖國神社捐獻十多萬日元的玉串料，法院對此尚且做出如此判決，更不用說首相對靖國神社進行的「公式參拜」。首相的參拜將引起國際上的關注，它將告訴全世界的人，「國家」也就是日本政府與作為「特定的宗教團體」的靖國神社之間有著特殊的關係。

3　玉串：供於神前的楊桐樹小枝，帶葉、上面纏有白紙。玉串料是參拜者在參拜神社時給神社的捐款。

03．是首相的私人參拜嗎？

在最高法院、高等法院做出上述最終判決之後，小泉首相仍然在二〇〇一年夏天對靖國神社進行了參拜。他在參拜時說：「要說悼念戰歿者是宗教活動的話，那我無話可說。但我不認為（參拜靖國神社）違反憲法。不能因為是宗教活動就說好或者不好」。（二〇〇一年五月十四日，小泉首相在眾議院預算委員會上的答辯）。

一方面承認「要是說悼念戰歿者是宗教活動的話，那我無話可說」，另一方面又說「不認為（參拜靖國神社違反憲法）」，這是自相矛盾。這種邏輯極為混亂的話，竟會出自一個負有維護憲法（憲法第九十九條）之責的國家指導者之口，令人難以置信。司法機構做出了「（參拜靖國神社是）構成宗教活動的違憲行為」，「如果繼續進行（參拜）的話，有違憲之嫌」。而小泉卻斷言說：「我不認為（參拜靖國神社）違反憲法」，「不能因為是宗教活動就說好或者不好」，而且我行我素地一再對靖國神社進行參拜，這簡直可以說是對三權分立的公然挑戰。

針對小泉首相的參拜，人們在東京、千葉、大阪、松山、福岡、那霸六個地方的地方法院分別提起了訴訟（其中大阪地方法院有兩起訴訟）。原告們的目的都是希望司法機構判決首相的參拜違反憲法，以阻止其今後繼續參拜。但是，這類訴訟不能直接以確認違憲為目的，從司法形式上說，訴訟的勝敗取決於原告的權利或利益是否因首相的參拜受到了具體侵害（在前面說到的斷定首相和天皇的公式參拜為「違憲」行為的仙台高等法院的判決，指出中曾根首相的參拜「有違憲之嫌」的大阪高等法院的判決，以及指出「如果繼續進行［參拜］的話，將有違憲之嫌」的福岡高等法院的判決中，原告的賠償要求都遭到了拒絕，訴訟都以原告的敗訴而告終）。但是，原告們的真正目的是法院判決首相的參拜為違憲行為，所以雖然仙台高等法院的判決書正文中寫明原告敗訴，但是，原告們認為法院明確判定參拜為「違憲」之舉，這是他們所期待的「最好的判決」，因而沒有上訴。

在上述七件與小泉的參拜有關的訴訟中，截止二〇〇五年三月，已經有六個地方法院做出了判決，駁回了原告們所提出的自己的權利或利益受到侵害，因而要求得到國家賠償的起訴[4]。然而，問題的關鍵在於法院對首相的參拜做出了何種司法判斷。

大阪地方法院最先做出的判決（二〇〇四年二月二十七日），雖然認定小泉的參拜是「作為總理大臣的參拜」、即「公式參拜」，但是迴避了參拜是否為違憲行為的問題。松山地方法院的判決（二〇〇四年三月十六日）不但迴避了是否違憲的問題，連小泉的參拜是否是「公式參拜」這一問題也迴避了。大阪地方法院做出的第二次判決（二〇〇四年五月十三日）雖然承認「伴隨」總理大臣「地位」的參拜行為具有官方參拜的性質，但同時指出，首相的參拜不在國家賠償法「履行職務」條文所規定的「職務」範圍之內。千葉地方法院的判決（二〇〇四年十一月二十五日）承認首相的參拜是「屬於職務履行之行為」的官方參拜，但迴避了參拜是否違憲的問題。和松山地方法院的判決一樣，那霸地方法院的判決（二〇〇五年一月二十八日）也迴避了參拜是官方行為還是私人行為的問題。相反，福岡地方法院的判決（二〇〇四年四月七日）卻明確地做出了參拜「違反憲法」的判決。在明確參拜為「違憲」行為這一點上，這一判決具有劃時代的意義。

福岡地方法院的判決書《第三 本法院的判斷》中的《(三)關於本案參拜的違憲性》的開頭部分內容大致如下：「憲法所禁止的『宗教活動』，應該理解為國家和國家機關所進行的具有宗教目的的、將導致對宗教的支持、助長、促進或壓迫、干涉的行為。必須從這一點出發來考慮行為發生的場所、行為者的意圖和目的以及該行為給一般人帶來的影響，根據社會上的一般想法做出客觀的判斷」。這正是最高法院在關於津地鎮祭訴訟[5]的判決中(一九七七年七月十三日)提出的所謂「目的・效果標準」，它歷來被看成

4 二〇〇五年九月三十日，大阪高等法院判決小泉首相對靖國神社的參拜為違憲之舉。判決書指出，小泉首相參拜靖國神社，使國家與靖國神社之間發生了特殊的關係。對靖國神社的參拜是小泉作為內閣總理大臣的職務履行行為，屬於憲法所禁止的宗教活動(載二〇〇五年九月三十日《朝日新聞》)。在此之後，小泉首相於同年十月十七日靖國神社舉行秋季定期大祭之日，對靖國神社進行了就任首相後的第五次參拜。

5 津地鎮祭訴訟：三重縣津市在市立體育館開工典禮上，舉行了由市政府工作人員主持，由神官按照神道儀式舉行的地鎮祭，費用由市長用公款支付。當地住民認為此舉違反了日本國憲法規定的政教分離原則，因而向法院提起了訴訟。

是政教分離訴訟的基本判斷基準，這也是福岡地方法院此次判決的基準。接著，判決書指出：

靖國神社是以宣傳神道教義、舉行春秋定期大祭和合祀祭奠等儀式，以教化、培養信徒為主要目的，擁有拜殿、本殿等禮拜設施的神社和宗教團體（憲法第二十條第一項、宗教法人法第二條），是依據該法而設立的宗教法人。

由於本案之參拜，是在靖國神社本殿向作為祭神的英靈一鞠躬、以表敬畏崇拜之情的行為，所以參拜既不是按照靖國神社的方式，也不是按照神道的方式進行的，雖然本案參拜以追悼合祀在靖國神社中的戰歿者為主要目的，但它與宗教的關係仍然難以否認。

而且，在進行本案參拜時，內閣總理大臣以國家官員的身份參拜靖國神社，引起了其他宗教團體、甚至自民黨內以及部分內閣成員的強烈反對，在國民中也有不少人持反對意見。被告小泉在此種情況下進行參拜，說明他具有強烈的以內閣總理大臣的身份進行參拜的意志，因此，本案的參拜不是單純的作為社會禮儀的參拜。況且，作為政府官員的內閣總理大臣，不以參拜靖國神社的方式也可以追悼戰歿者。

靖國神社僅以戰歿者中的日本軍的軍事、文職人員和準文職人員為合祀對象，死於空襲的一般市民不包括在合祀對象之中，因此，作為宗教設施的靖國神社，不是內閣總理大臣追悼第二次世界大戰中的戰歿者的合適場所。

（中略）

然而，包括本案參拜在內，（小泉）已經作為內閣總理大臣對靖國神社進行了四次參拜，這說明（小泉）是在充分認識到參拜將涉及憲法問題，將引起國民以及外國的批判的情況下，執意按照自己的信念或政治意圖進行本案參拜的。

其次，（小泉）是在今後將持續進行參拜的強烈意志之下進行本案參拜的，在緊接著本案參拜之後的終戰紀念日，參拜靖國神社的人數增加到前一年的兩倍以上，為此（當天靖國神社的）閉門時間推遲了一個小時。由此看來，應該說本案參拜造成了支援、助長、促進以弘揚神道教義為宗旨的作為宗教設施的靖國神社的結果。

根據上述種種情形，按照社會上一般人的想法來判斷的話，本案參拜是在充分意識到有可能涉及憲法問題的前提下進行的，乃是憲法第二十條第三項所禁止的宗教活動。

（載二〇〇四年四月七日《讀賣新聞》晚刊）

這份判決書一針見血地指出了小泉為參拜進行的自相矛盾的自我辯護中的問題。例如，在審判過程中，小泉首相一面聲稱，參拜是「以私人身份進行的參拜（私人參拜）」，首相本人也在福岡地方法院做出判決後說參拜是「以個人身份進行的私人參拜」。但是，正如判決書所指出的，首相說過：「只要我擔任首相，每年都要去參拜靖國神社，這個想法沒有改變。」他曾在自民黨總裁選舉時許下諾言：「擔任首相後」，將在八月十五日參拜靖國神社。「我只要擔任首相」，就要持續進行參拜，這在任何人看來都不可能是「以個人身份」進行的私人參拜。判決書還指出：「不以參拜靖國神社的方式也可以追悼戰歿者」。事實上，自一九六五年以來，每年八月十五日都在日本武道館舉行由政府主辦的「全國戰歿者追悼儀式」，天皇、皇后、首相都出席了該儀式（第二次世界大戰後，第一次由政府主辦的「全國戰歿者追悼儀式」於一九五二年五月二日在新宿御苑舉行，一九六三年八月十五日在日比谷公會堂舉行，一九六四年八月十五日在靖國神社內舉行）。雖然不能說這一儀式在追悼戰歿者的方式上不存在問題，但是，至少它與特定的宗教法人沒有任何關係，目的是悼念在政府所說的「上一次大戰」（一九三七年到一九四五年）中死去的三一〇萬「日本人」軍民，沒有排除「死於空襲的一般死者」，在這一點上，它作為「國民的」戰歿者追悼儀式，顯然比參拜靖國神社更有普遍性。正是考慮到這一點，福岡地方法院才判定小泉首相的參拜是基於「政治目的」的參拜，判定「身為內閣總理大臣的被告小泉」對靖國神社的參拜「是在今後也將持續參拜的強烈意志之下進行的」行為。

04．尚未出現「合憲判決」

福岡地方法院的判決中引人注目的是，法官預料到在拒絕原告的賠償要求的同時，斷然判定參拜為違憲行為，這將會引起「異議」，為此特地在判決書中作了如下說明：

> 在現行法律之下，即使發生像本案這樣的違反憲法第二十條第三項的行為，也無法單獨對該行為做出違憲判決，或以行政訴訟方式對該行為加以糾正，原告只能通過起訴要求賠償損失的方式，達到確認該行為為違憲行為的目的。

另一方面，幾十年前就出現過關於參拜靖國神社是否合乎憲法的議論，對於這個問題，歷屆總理大臣都進行了慎重的探討。在關於前首相中曾根康弘參拜靖國神社的訴訟中，大阪高等法院已經指出其有違憲之嫌，該問題有必要在國民之中展開經常性的討論。

小泉首相在沒有經過充分討論的情況下參拜靖國神社，並且在其後又多次進行了參拜。

此次如果法院迴避參拜是否違憲這一問題的話，今後很可能重複發生同樣的行為。本法院為盡職責，判定該行為為違憲行為。

（同上）

小泉執意說：「要說悼念戰歿者是宗教活動的話，那我無話可說。但我不認為（參拜靖國神社）違反憲法」，「不能因為是宗教活動就說好或者不好」，一而再再而三地對靖國神社進行參拜。對此，福岡地方法院從三權分立的原則出發，果敢地做出了參拜違憲的判決。判決當天，龜川清長庭長做好了受到右翼襲擊的準備，事先寫好遺囑後才前往法庭宣讀判決書的。可是，小泉卻在福岡地方法院做出判決的當天，十六次重複說：「無法理解」、「不明白」，並表示「只要自己擔任首相」，就要繼續參拜靖國神社。

在至今為止的與政教分離有關的訴訟中，凡是涉及首相參拜靖國神社的訴訟，原告提出的由國家賠償其損失的要求沒有一次獲准。這種情況在今後看來也不會輕易發生變化。在與小泉的靖國神社參拜有關的訴訟中，就參拜是否合乎憲法的問題，今後法院做出的判決看來都將會帶有抑制傾向。但是，如果我們換一個角度，就會發現，至今為止法院一次也沒有明確做出認定首相參拜靖國神社「合乎憲法」的判決。相反，仙台高等法院對岩手靖國訴訟做出的判決，福岡地方法院對小泉靖國參拜訴訟做出的判決，都明確認定參拜為「違憲」行為，大阪高等法院對中曾根參拜訴訟做出的判決，也認定參拜「有違憲之嫌」（在岩手靖國訴訟中，盛岡地方法院在一審判決中做出了參拜實際上「合乎憲法」的判決，但是該判決後來被仙台高等法院推翻）。沒有一項「合乎憲法」的判決，而有多項「違反憲法」的判決。對於想讓首相、天皇繼續參拜靖國神社的人們來說，這無疑是一件頭痛的事。

05．修改憲法還是非宗教化？

在上述情況下，對於希望「公式參拜」能持續進行的人來說，剩下的只有下面兩條路。

（1）「修改」憲法關於政教分離的規定。
（2）使靖國神社不再是宗教法人。

如果在現行憲法下首相、天皇對靖國神社的參拜總有可能被司法機關斷定為「違憲」行為的話，一部分希望「公式參拜」能持續進行的人試圖通過修改憲法，使首相、天皇對靖國神社的參拜不再有違憲的顧慮，這似乎並不奇怪。

在福岡地方法院做出「違憲」判決兩個月後的二〇〇四年六月十日，自由民主黨憲法調查會「修改憲法研究小組」公佈了「反映我黨所期望的新憲法之全貌」的自民黨憲法草案「綱要」。其中《II 分題論述》中的《四 國民的權利及義務》列舉了「應該修正的規定」，裡面有這樣一段文字：「應該使政教分離的規定（現行憲法第二十條第三項）建立在我國的歷史和傳統基礎之上」。不難想像，這一修正案的目的在於，和新天皇的即位儀式等一樣，使首相、天皇參拜靖國神社「合乎憲法」。

實際上，這類有關憲法修改的議論決不是最近才出現的。在二十世紀七十年代，稻葉[6]法務大臣為了能使靖國神社得到國家的保護，說現行憲法關於政教分離的規定是GHQ（駐日盟軍總司令部）強加（給日本）的，不符合我國國情。前面提到的自民黨《論點整理》的《I 總論》中，也稱「制定現行憲法時，在聯合國軍最高司令官總司令部的佔領下被忽視的、基於我國歷史、傳統、文化的我國固有的價值（即日本之所以成其為日本的東西）」，是「作為我國憲法應當維護的價值」。根據GHQ一九四五年十二月

6　稻葉：指在三木武夫內閣中擔任法務大臣的稻葉修（一九〇九到一九九二年）。

十五日發佈的《神道指令》，「國家神道」被廢除，靖國神社只有脫離國家的管理、作為宗教法人才有可能繼續存在。所以，對此持反對態度的人們，對現行憲法關於政教分離的規定本身就是持敵視態度的。

在這種情況下，會出現什麼樣的憲法修改方案呢？索性廢除關於政教分離的規定，這種意見不值一提。因為它意味著國家可以任意而全面地與特定的宗教和宗教派別結合，這將導致「國家神道」的復活。所以，不僅是宗教界，其它各界也會強烈反對。自民黨提出的《論點整理》中，也沒有提到要廢除政教分離的規定。

那麼，應該如何看待政教分離的原則呢？是不是一方面維護政教分離的原則，另一方面使首相、天皇的「公式參拜」作為例外，承認其「合乎憲法」呢？自民黨的憲法修改研究小組提出了一個方案，那就是使靖國神社參拜成為基於「我國歷史和傳統」的「追悼戰歿者」的「國家禮儀」，將其從憲法所禁止的「宗教活動」中排除出去（載二〇〇四年五月三十日《每日新聞》）。

但是，現在的靖國神社是根據宗教法人法而單獨設立的宗教法人。如果國家和某一個宗教法人保持特殊關係、並將此種關係作為政教分離原則的例外的話，這正是政教分離的原則所要禁止的政治和宗教的勾結，也正是對政教分離原則的否定。在政教分離原則中製造例外，這將破壞政教分離的原則。

這時候，有人提出了第二種方案，那就是使靖國神社不再是宗教法人。只要靖國神社是宗教法人，即使把靖國參拜說成是「國家禮儀」，也還是國家和宗教的勾結。要避免這一點，就有必要使靖國神社不再是宗教法人，也就是使它非宗教化。關於廢除政教分離的憲法修改方案不值一提，要想使參拜靖國神社成為「國家禮儀」，使之成為政教分離中的例外的話，就必須使靖國神社不再是宗教法人，使它非宗教化。要做到(1)就必須首先做到(2)。但實際上如果能做到(2)，也就不再需要(1)了。因為，只要使靖國神社不再是宗教法人，只要使它非宗教化，即使在現行憲法之下，參拜也不違反政教分離的原則。首相去參拜也罷，天皇去參拜也罷，都不構成違憲行為。

前面提到，野中官房長官在一九九九年的記者會見中說，要讓甲級戰犯來承擔戰爭責任，又說「如果可能的話，取消靖國神社的法人資格，使它成為純粹的特殊法人，那樣的話，全體國民不論信奉何種宗教，就都能去祭奠死者了」。好像即使不修改憲法，或者即使無法對憲法進行修改，但是只要靖國神社不再是宗教法人，而成為「純粹的特殊法人」的話，問題自然就解決了似的。但是，事情果真如此嗎？

06·靖國神社的特殊法人化意味著什麼？

曾經有人大力嘗試過使靖國神社成為「特殊法人」，從而使參拜合乎憲法規定的政教分離原則，但最後還是以失敗而告終了。那就是自民黨於一九六八年、一九七〇年、一九七一年、一九七二年、一九七三年五次向國會提出、遭到來自在野黨和宗教界等的激烈反對、最終被廢棄了的所謂靖國神社護持法案。

靖國神社從創建之時起，就是陸軍省、海軍省管轄下的國家機構。日本戰敗後，為了瓦解國家神道、實現政教分離，GHQ發佈了《神道指令》。當時，靖國神社為了能繼續存在，選擇了成為單獨的宗教法人之路（一九四六年九月）。後來，日本遺族會

7 日本遺族會：由「太平洋戰爭」戰歿者遺屬組成的全國性悼念組織，設立於一九四七年（當時的名稱為日本遺族厚生聯盟）。目前該組織在各地有遺族會分會，現任會長為參議員議員、福岡縣遺族聯合會會長古賀誠。

[7]在一九五六年一月做出決議，要求靖國神社得到「國家護持」，即建立由國家對靖國神社進行管理的制度。自民黨採納了這一意見，立即發表了《靖國社法草案要綱》（同年三月）。「五五年體制」[8]成立不久，與自民黨對立的社會黨也發表了《關於成立靖國和平堂的法案要綱》（同年三月）。靖國神社則發表了《靖國神社法案大綱》（一九五七年）。在將靖國神社由宗教法人變為國營機構這一點上，這些法案是一致的。

首先，讓我們比較一下上述各方案中的第一條《目的》。

自民黨提出的法案：

第一條　靖國社之目的在於奉祭**殉國的人們**，**彰顯他們的遺德**，以期發揚國民之道德，為實現永久和平做出貢獻。

社會黨提出的法案：

第一條　本法律之目的在於**彰顯殉國者的遺德**，永遠紀念其遺德而建設靖國和平堂，在這裡舉行儀式及其他活動，以表示國民對殉國者的**感謝和尊敬**

之情，並有助於實現永久的和平。

靖國神社提出的法案：

一　立法的目的

本法案之目的在於至誠地表達國家和國民對**殉國者們**的**感謝和尊敬**之情，使具有獨特歷史和傳統的靖國神社的獨特地位、以及靖國神社的活動，永遠得到保障和守護。

因為「英靈」一詞不可避免地帶有宗教色彩，所以它沒有出現在這些法案裡。自民黨提出的法案將「靖國神社」中的「神」字去掉，稱「靖國社」；社會黨提出的法案稱「靖國和平堂」，目的在於淡化「神社」的色彩。靖國神社提出的法案雖然還稱「靖國神

8　五五年體制：一九五五年，日本自由民主黨成立，日本社會黨左右兩派統一，出現了保守與革新相對抗的兩大政黨勢力。

社」，但裡面明確寫著「（靖國神社）不是根據宗教法人法設立的法人，而是根據本法律設立的法人」，意在表明靖國神社不是宗教法人。自民黨法案的第二條甚至提出了關於靖國神社「非宗教性」的規定：

自民黨提出的法案：

第二條　靖國社不得傳播宗教教義、不得招募並教化教徒。靖國社不得授予神符、設置募錢箱。

但是，即使如此，這些法案中提到的「目的」，仍然和戰敗前靖國神社的目的完全一樣。值得注意的是，無論哪一個方案，都隻字不提對戰死者的「追悼」。問題的核心恰恰在於「彰顯殉國者的遺德」，對他們表示「感謝和尊敬」，頌揚他們的事蹟。

進入二十世紀六十年代後，要求靖國神社得到國家保護的運動進一步擴大，一九六九年六月，在東京招魂社成立一百周年之際，自民黨向國會呈交了《靖國神社法案》：

靖國神社法案

第一條　靖國神社之目的在於表達國民對戰歿者和殉國之**英靈**的崇敬之情，**緬懷他們的遺德**，為**祭奠他們**、**頌揚他們的事蹟**而舉行儀式、活動等，以使他們的**偉業永遠**得到傳頌。

目的還是「彰顯」而不是「追悼」。和《靖國社法草案要綱》相比，這一法案中出現的「崇敬之念」、「緬懷遺德」、「頌揚事蹟」等詞句，帶有更強烈的「彰顯」色彩。問題是，這裡出現了以往的法案中沒有出現的「祭奠」「英靈」的觀念，「靖國社」也回到了「靖國神社」，宗教色彩反而更加明顯了。

第二條　鑒於靖國神社創建的歷史，本法律使用「靖國神社」之名稱，不能將使用「靖國神社」名稱一事解釋為把靖國神社視為宗教團體。

第四條 將靖國神社作為法人。

第五條 靖國神社不得信奉特定的教義、不得從事教化、培養教徒等宗教活動。

該法案試圖禁止靖國神社從事「宗教活動」，使靖國神社不再是任何形式上的「宗教團體」，而成為特殊的「法人」。但是，這終究是不可能實現的。靖國神社要成之為靖國神社，就不能停止其「彰顯英靈」的活動，也就不能停止在每年春秋兩季以神道方式舉行以例行大祭為主的祭祀儀式。然而，只要進行這些祭祀活動，無論怎樣強詞奪理，也無法否定其宗教性質。

07．即使靖國神社不是宗教法人

具有諷刺意味的是，要求靖國神社得到國家保護的人們，通過眾議院法制局發表的題為《靖國神社法案的合憲性》的檔，也認識到了這一點。一九七四年四月，自民黨在眾議院內閣委員會強行進行表決，通過了第五次靖國神社法案，這個檔就是在法案通過後發表的。這個檔雖然試圖獲得「靖國神社法案的合憲性」，但同時也列舉了要想使該法案合乎憲法的條件，那就是，必須從根本上改變靖國神社以往的祭祀儀式。檔指出，要確保靖國神社不再是宗教，就必須滿足下列條件：

- 放棄對信徒（崇敬者）的教化、放棄包括發放神簽等在內的傳教活動。
- 放棄宣揚神道的活動。
- 將誦讀祈禱文改為誦讀對英靈的感謝之詞。

・廢除降神、升神儀式。
・改變修禊儀式[9]
・改變御神樂[10]的形式和意義。
・允許參拜者以自由的方式進行禮拜。
・改變神職的名稱。
・改變鳥居[11]和其他設施的名稱。

無論怎樣保留「神社」、「英靈」這些詞彙，也不可能在滿足這些條件的前提下保持靖國神社原有的祭祀儀式。連靖國神社都不得不承認，要是進行上述變動的話，「毫無疑問靖國神社將墮落成一個沒有神靈的莫名其妙的設施」（刊載於《靖國》一九七四年九月號）。在此之後就任靖國神社宮司的松平永芳表示，「堅決反對」「國家（對靖國神社的）護持」。他說：

有三點是決不能讓步的。

第一，按照日本傳統的神道的祭奠儀式來祭奠亡靈。這是第一。

第二，絕對不改變神社的建築風格。他們（指死去的官兵們——譯者）在奔赴戰場之前，彼此相約「相會在靖國」、「在靖國的櫻花樹下再會」，所以不能改變那時候的神社的樣子，也就是現在的神社的樣子，決不能改變。

（中略）

第三，不改變社名。也許有人會說這是理所當然之事，以前就有人建議把名稱改為「靖國廟」，但是，一開始是叫招魂社，明治十二年由明治天皇親自命名為「別格官幣社 靖國神社」。這個社名無論如何也絕對不能改。

（刊載於《為了更好地瞭解靖國神社》，靖國神社社務所發行，一九九二年）

9 修禊：在舉行重要的神道活動前用水清洗身體的儀式。

10 御神樂：在神前演奏的音樂或降神去災的儀式，起源於十一世紀初。

11 鳥居：立於神社入口處的牌坊。

總之，如果為了在現行憲法之下達到使靖國神社國營化的目的而實現靖國神社的非宗教化的話，靖國神社就不再成其為靖國神社了。

順便說一下，作為宗教法人的靖國神社和作為宗教團體的靖國神社，二者不是一回事。關於這一點，眾議院法制局援引宮澤俊義、佐藤功的憲法理論明確指出：「是否為宗教團體，取決於該團體的根本性質，而不取決於該團體是否是根據宗教法人法而設立的團體。實際上，許多宗教團體並沒有按照宗教法人法取得法人資格，這一事實也清楚地說明了這一點」。根據截至一九六四年十二月三十一日的統計，全國有多達二二三七一五個不是宗教法人的神道、佛教、基督教以及其他系統的宗教團體。這意味著，**即使靖國神社放棄宗教法人的資格而成為特殊法人，只要它繼續舉行傳統的祭祀儀式，那它就是宗教團體，因此也就不可能在不違反憲法的同時實現國營化**。我們無法想像靖國神社自己會改變或廢除傳統的祭祀儀式，因為那等於是靖國神社的自我否定。

只要靖國神社維持傳統的祭祀儀式，就不可能使靖國神社成為特殊法人。而且，如果政府或政治勢力違反靖國神社的意志，以立法等方式強行改變傳統的祭祀儀式或將靖國神社變為特殊法人的話，那將是比試圖實現甲級戰犯的分祀更為重大的政治對宗教的介入，這本身就違反了憲法的政教分離原則。前面提到的野中官房長官的發言，在這一點上也存在問題，因此，「報答英靈會」[12]等批評野中的發言是與政教分離原則相抵觸的違法行為。強烈要求首相、天皇進行「公式參拜」的人們，在遇到野中發言這樣的情形時，突然強調必須嚴格遵守政教分離的原則，這種態度有機會主義之嫌，但他們的主張並沒有錯。

12　報答英靈會：以祭奠「戰歿者英靈」，對其表達感謝為目的的全國性組織。設立於一九七六年，現有會員一二〇萬人，總部設在靖國神社內。

08·「神社非宗教」論

要求靖國神社得到國家保護的以往的運動也罷，最近出現的關於使靖國神社成為特殊法人的論調也罷，為什麼會認為靖國神社能夠實現非宗教化呢？要知道，靖國神社不否定自我是不可能實現非宗教化的。他們又為什麼會認為能使祭祀儀式成為非宗教活動呢？要知道，靖國神社的祭祀儀式就是把陣亡者作為神來祭奠、按照神道的方式舉行祭奠和彰顯儀式。

只要回顧一下戰前和戰爭期間的歷史，這些問題就不難理解了。我不是想說靖國神社在戰前和戰爭期間不是「宗教法人」，而是國家機構（這本來就無須贅言）。那時，靖國神社既是國家機構，同時也是按照神道的方式舉行祭奠儀式的神社，是一個宗教設施。如果說神道是宗教，神社是宗教的話，那麼靖國神社當然就是宗教。然而，神道在當時是不是宗教，神社在當時是不是宗教呢？從法律制度上看，並非如此。

起初明治政府為了推進神道國教化政策，主張「神社是國家的宗祀，不是某人某家的私有之物」，但是，這一政策由於佛教界的反對而遭到了挫折。後來，明治政府轉而採取由「祭教分離」而實現「祭政一致」的迂回辦法。所謂「祭教分離」，是指把神社神道[13]當作「國家的祭祀」，將其區別於佛教、基督教、教派神道[14]等「宗教」。一八八二年發佈的太政官[15]佈告（「神官不得兼任教導職[16]，不得參與喪葬儀式」）確立了「祭教分離」的制度，這一制度巧妙地使神道在不與佛教、基督教對立的同時成為事實上的國

13 神社神道：參見第一章注釋3。

14 教派神道：作為宗教的神道教派的總稱，區別於作為國家祭祀的神社神道（即國家神道）。教派神道共有十四個（後變成十三個）教派，故又稱教派神道十三派，即神道大教、黑住教、神道修成派、大社教、扶桑教、實行教、神道大成教、神習教、御嶽教、禊教、神理教、金光教、天理教、神宮教。其中神宮教於一八九九年（明治三十二年）解散，改稱神宮奉齋會。

15 太政官：一八六八年由明治政府設立的最高行政機構，相當於後來的內閣。一八八五年內閣制度成立後，太政官制度同時被廢除。

16 教導職：由明治政府教部省任命的執行國家教化政策的官職，由神官、僧侶等擔任。一八七二年設置，一八八四年廢除。

教。一方面，承認佛教、基督教為「宗教」，給它們一定的「信教自由」（大日本帝國憲法第二十八條規定：「日本臣民在不妨礙秩序之安寧、不違背臣民義務之前提下有信教自由」）。另一方面，由於神社神道是「國家的祭祀」，所以，所有日本國民，無論信奉何種「宗教」，都在神社神道之下，都必須接受神社神道的祭祀儀式。

鼓吹「神社不是宗教」的「神社非宗教」論，是上述「祭教分離」的另一種說法。神社神道以這種方式，通過否定自身的「宗教」性而成為「國家的祭祀」，從而變成了「國家神道」。一方面，國家神道確立以伊勢神宮為頂點的神社制度，形成了一個龐大的全國性機構，另一方面，將神道的教義擴大為以對天皇的國家即皇國的忠誠和愛國精神為核心的國民道德，從而脫離了神道的宗教性質。結果，國家神道將所有的國民，所有的宗教都置於自己之下，使自己變成了一個「超宗教」。

池田立基的論文《國民思想的統一與神道及佛教、基督教》對國家神道的性質作了很好的說明：

神道就是神道。它既像宗教，又超然卓立於宗教之外。如果用家庭來作比喻的話，神道就是一個家庭的憲法。各種宗教，就像各個家庭成員那樣，可以擁有自己的自由意志，但是，作為家庭的成員，無論擁有什麼樣的意志，都**有義務絕對服從**這個家庭的憲法。如果有誰不服從的話，那麼就只有**斷絕他和家庭的關係**了。

（中略）

這裡所說的家庭的憲法，就是皇道、國是、神道。（中略）將皇道、神道置於**超宗教**的地位，既不妨礙各種宗教的存在，又**使神道成為每一個帝國臣民應該遵循的唯一準則和應該服從的絕對權力**。神道的動態的一面，通俗地說，就是愛國**心**，在日本帝國中，敬神之念就是愛國精神。

弘揚愛國精神是日本的神之道，是統一國民思想的權能的唯一的力量。

鼓舞愛國精神，對此任何人都不能反抗，也不能提出異議。

（載加藤玄智編《神社對宗教》，一九三〇年）

只有作為「超宗教」的神道即「神之道」，才是「帝國臣民應該遵循的唯一準則」，才是發誓忠誠於天皇的作為「皇道」的「愛國精神」。個人可以按照自己的「自由意志」信奉佛教、基督教，但是，對於這種自由意志，絕對不能進行「反抗」，絕對不能「提出異議」。出於個人自由意志的「各種宗教」始終不能越出「絕對服從」國家神道即「愛國精神」的範圍，不履行這一義務的人，就只能像斷絕家庭成員「與家庭的關係」一樣，從國民中被驅逐出去，成為「非國民」[17]。

09·祭教分離的影響

對於國家神道，並不是完全沒有反抗，也並不是完全沒有人提出異議。一八九一年，內村鑑三[18]拒絕向教育敕語[19]敬禮，由此引發了「教育敕語不敬事件」。關於此次事件，植村正久曾經就基督教徒參拜靖國神社的問題做過如下論述：「此事牽涉範圍極廣，問題極為重大。基督教徒不得在賢所參拜，信奉基督教的陸海軍將士，不得出席在靖國神社舉行的由神官主持的祭典、不得出席靖國神社的祭奠儀式。」（刊載於《不敬事件與基督教》，《福音週報》，一八九一年二月）

17 非國民：戰爭時期日本的常用語，指不履行國民的義務，背叛國家的人。

18 內村鑑三（一八六一到一九三〇年）：日本著名的宗教家，信奉基督教，提倡無教會主義，反對戰爭。

19 教育敕語：全稱為「關於教育之敕語」，一八九〇年（明治二十三年）十月二十三日以天皇的名義頒佈，它體現了明治政府關於國民道德和國民教育的根本理念。

在此之後，發生了一起拒絕參拜靖國神社的事件，這一事件在近代日本基督教和國家關係史上具有極其重要的意義。「滿洲事變」發生後的第二年，即一九三二年，上智大學的兩名學生、虔誠的基督教徒，在軍事教官的率領下前往參觀靖國神社遊就館時，拒絕參拜靖國神社。此事在報上報導後，立刻引起了重大問題。陸軍省撤回了派駐上智大學的將校，事件擴大成了一場反天主教運動。關於這次事件，也有人說是軍部蓄意策劃的。我們從天主教東京教區大主教香邦和文部省的交涉中，可以看到問題的核心所在。

香邦大主教向文部省提出，要求政府明確一點，即讓信仰天主教的學生參拜神社和「招魂社」，並向神「敬禮」，「完全是出於愛國之情，絲毫沒有宗教目的」。對於香邦的要求，文部省做出了如下答覆：「讓學生、兒童參拜神社是出於教育目的，要求學生、兒童團體所行之敬禮完全是為了表達愛國與忠誠之心。」（刊載於《文部省雜宗》一四〇號，一九三二年九月三十日）

這次事件使上智大學陷入了存亡之秋，最後，上智大學以全面屈服的方式度過了這場危機。全校包括校長在內一律停止教學，校長和全校神父、學生還集體參拜了靖國神社，並向文部省表示：「參拜祭祀著忠軍愛國之士的靖國神社，**事關國民之義務**，與各人的私人信仰無關」。

從這個例子中可以看到「神社非宗教」或「祭教分離」帶來的巨大影響。參拜靖國神社、表達「愛國之情和忠誠之心」是「作為國民的義務」，它與作為「個人的私人信仰」的天主教信仰互不矛盾。這種關係無論對國家還是對宗教信徒來說都有好處。對國家來說，可以既不和「各種宗教」發生對立，又能強制推行「作為帝國臣民應行之道」的神道。對宗教信徒來說，只要參拜神社是盡「作為國民的義務」，那麼就可以既不與國家對立，又能繼續當基督教徒、佛教徒了。

10．基督徒的誓言

在上述關係形成之後，從二十世紀三十年代起，日本基督教會認為宣誓忠誠於天皇和國家與宗教信仰並不矛盾，從而逐漸轉向積極支持戰爭。

一九四四年七月八日，太平洋戰爭期間，天主教會派遣代表，配合政府發動的「國民總決起運動」，參拜了伊勢神宮、明治神宮和靖國神社。參拜伊勢神宮的是以名古屋教區教區長松岡為首的三個人，參拜明治神宮的是東京教區大主教土井等三個人，參拜靖國神社的是大阪教區主教田口等三個人，「其它各個教區也分別派代表參拜了護國神社[20]」。

一九四一年六月二十四日，新教三十四個教派聯合成立日本基督教團，教團的宣誓文中明確寫道：「我們既是基督教徒，也是日本的臣民，以盡忠皇國為第一使命。」第二年一月十一日，日本基督教團統理富田滿參拜伊勢神宮，祈求天照大神[21]保佑基督教團。

在此之前，富田滿曾作為日本基督教大會議長，於一九三八年六月至七月訪問過日本殖民統治下的朝鮮。一九三六年，南次郎就任朝鮮總督後，下令強迫基督教會一律組織信徒參拜神社，但由於遭到朝鮮基督教徒的反抗，難以推行，南次郎因此而濫施懲罰。在這一背景下，富田前往「平壤」山亭峴教堂——這裡是拒絕參拜神社的據點之一，試圖說服遭到總督府鎮壓的朱基徹牧師等人。他說，參拜神社不是宗教活動，而是國家儀式，所以作為帝國的臣民，必須參拜神社。

富田說：「各位的殉教精神很了不起，但是，**我國（日本）政府什麼時候強迫你們拋棄基督教、改信神道了？**請擺出事實來。**國家要求大家做到的，僅僅是作為國民參加國家的祭祀儀式。**（中略）狂妄地阻撓明治大帝賦予的無以類比的宗教自由，這是（對

20 護國神社：明治維新前後為祭奠為國犧牲者而在各地建立的神社，一九三九年改稱護國神社。

21 天照大神：又稱天照大御神，祭祀於三重縣的伊勢神宮，是日本皇室尊崇的祖神。

天皇的）冒瀆」。（載一九三八年七月二十一日《福音新報》）經富田的這一番勸說，平安南道和平壤的長老教會紛紛做出了參拜神社的決議。由此可見，日本的基督教徒為了使朝鮮的基督教徒改變態度，攤出的正是將「國家的祭祀」與「宗教」相分離這張王牌。但即使如此，朝鮮基督教徒拒絕參拜神社的運動仍然沒有停止，有兩千多名基督教徒被總督府逮捕入獄，其中，七十人是因拒絕參拜神社而被捕的。這七十名基督教徒中，有五十名死在獄中。

下面這段長文引自《靖國的英靈》（載一九四四年四月十一日《日本基督教新報》），在本書第一章中曾經引用過其中的部分內容）一文，內容涉及新教教會與靖國神社的關係，務請一讀。

靖國的英靈

在南海之涯、大陸之奧，二萬五千名忠誠勇武之士為天皇獻出了生命。

今天，為祭奠二萬五千英靈，舉行招魂之儀，帝都籠罩在一片肅穆的氣氛之中。

盛開的櫻花，落英繽紛，彷彿在讚頌為保衛國家而壯烈犧牲的大和男兒的忠魂。沒有比此時此刻更能使人感受到宣長[22]的那首著名和歌的了。去年舉行大祭時，筆者也提到過宣長的和歌，今年更覺得感懷良深。今天，戰事愈演愈烈，決戰一場接一場，（是陣亡者們）奉獻出的鮮血保衛著國民的生活。怎樣才能表達我們的感激之情啊。

只有按照日本的傳統把英靈奉祀為神，才能體現血的崇高。在其它國家，為國奉獻鮮血的人同樣也受到尊崇，他們建造紀念碑，行人過往時向紀念碑脫帽，向他們致以誠摯的敬意。但是，**唯有日本將為國捐軀者奉贊為神、賦予血以崇高的意義**。

22 宣長：即本居宣長（一七三〇到一八〇一年），日本江戶中期的國學家，號鈴屋。本居宣長主張排斥儒佛，回歸古道，著有《古事記傳》、《玉勝間》等。

這是因為日本國民具有此種賦予鮮血以崇高而深遠意義的優秀的國民品質，也是因為奉獻出崇高鮮血的人們的崇高的精神在戰場上得到了高度發揚，其程度實為他國之人所難以想像，他們的崇高精神使國民不自覺地跪拜景仰。在受到天皇召喚的那一瞬間，軍人誠惶誠恐地將天皇的召喚奉為神的啟示。從這一時刻起，軍人的身體裡便湧出了奉獻給國家的純潔而高貴的血。無庸置疑，所有的日本國民都具備這種精神。尤其是在受到天皇召喚的那一瞬間，軍人對此更有了清晰的認識，就好像獲得了宗教上的新生一樣。筆者多次體驗過此種不可思議的莊嚴氣氛，見到獲得此種新生的表情嚴肅的軍人，不禁正襟低首，心中油然升起一股情感，要將這種高貴的血作為靖國英靈來祭奠。護國的英靈具有極其深遠的意義，這個舉行祭典的日子，自然也就成為所有國民的大祭。每個國民心中都充滿了肅穆之情。能充分認識血所具有的崇高的意義，這是我國的驕傲。

在所有宗教裡，基督教對血的意義的認識最為透徹。或許可以說基督教是唯一能認識到血的意義的宗教。**因為基督的血是拯救人類的根本。**關於血的意義，希伯來書是這樣頌揚的：「（基督）以永恆的聖靈，將自己無瑕的身體獻給神，基督的血洗淨我們的良心，將我們從死罪中拯救出來，使我們侍奉那永生的神」（見〈希伯萊書〉九、十四），毋庸贅言，基督徒們正是因基督崇高的血而覺醒、而獲得新生的。

由於他們本來就能理解血所具有的深刻意義，所以當日本的第一代基督教徒們瞭解到基督的血的意義時，他們的心當然會為之怦然躍動。受到基督之血洗禮的日本的基督教徒們，他們的心靈之所以會被護國英靈們的血深深打動，是因為血具有普遍的意義，因為對血的意義的深刻認識具有某種共通之處。

因此，在舉行靖國大祭之時，我們日本基督教徒由於神聖的感動和殉國的良心而熱血沸騰。感動之情難以遏制，幾於迸發。一路上常常看到佩戴遺屬胸章的人，雖然和他們素不相識，但是禁不住要向他們脫帽致敬。

> 只有殲滅敵人，才能讓靖國的英靈安息。我們每個人都必須以最忠誠之心盡各自的職責。我們沸騰的血，與英靈們的血深深相連。

簡直令人不忍卒讀。當時日本的基督教完全陷入了「神社非宗教」即「祭教分離」的圈套。也許基督教徒們起初認為，只要把「祭祀」和「宗教」分離開來、把「作為國民的義務」和「各自的私人信仰」分離開來，自己的「宗教」和「信仰」就能得到保證。但是，他們實際上卻陷入了一個怪圈，即**「祭教分離」最終變成了「祭教一致」**。作為「宗教」的基督教，完全被作為「國家的祭祀」的靖國信仰吞沒了。而「國家的祭祀」與「宗教」的分離，最終結果是「宗教」被「國家的祭祀」完全吞沒了。應該如何認識「殉教」思想和「殉國」思想之間的關係、如何認識基督教所說的「犧牲」和靖國所說的「犧牲」之間的關係，關於這個問題，筆者將另外撰文加以討論。

11．佛教徒的誓言

那麼，佛教的態度又是怎樣的呢？

佛教和天皇家族以及日本國家的關係，有著很長久的歷史，佛教的態度不可能和基督教一樣，我們自然不能將佛教各教派與基督教相提並論。但是，在國家神道體制的確立過程中，「宗教」應該採取何種立場，在這個意義上，佛教和基督教面臨的是同樣的問題。

天主教、新教兩個教派的代表在二十世紀四十年代正式參拜了伊勢神宮，而佛教各教派在一九三五年就在靖國神社舉行春季例行大祭時，按神道方式參拜了靖國神社。淨土真宗大谷派的法主在一九三六年十二月二日參拜了明治神宮，同月四日參拜了靖國神社，一九三七年一月八日又參拜了伊勢神宮。「參拜神宮是本宗門（指淨土真宗）歷史上的首創之舉，受到了文部省等各方面的極大好評。」（載機關報《真宗》

一九三七年一月號）這些參拜都是在日中全面戰爭爆發之前進行的，隨著日中戰爭的全面展開，大谷派參拜神社的次數也逐漸增加。

一九四〇年十月，真宗大谷派召開了一次關於戰時的佛教教義與理論的研究會，下面是摘自這次研究會的報告中的幾段文字（載北陸群生舍編《資料集・大日本帝國下的真宗大谷派教團》）。

一，國體觀念與真宗教義

真宗的教義具有以奉戴皇法為前提的日本佛教的性質。因此，作為真宗教徒，理應以各盡職責、輔弼大政、奉戴天皇、盡臣民道乃為絕對之道，國民皆應一心尊奉天皇。

（中略）

歸一於天皇的臣民之道與歸一於阿彌陀佛的信仰（彌陀歸一）之間是什麼關係呢？佛教傳來之初，首先是被皇法接受並得到歷朝天皇加護的，所以，皇法之中包含了對阿彌陀佛的信仰。

（中略）

二，靖國神社問題

祭祀靖國神社中的英靈是為扶翼皇運大業而效勞的人們，他們是行菩薩大道的人。他們能否往生完全在於如來的大悲，不是我們所能揣測的。

這裡討論的是「國體觀念」（基本上等同於「國家神道」）與「真宗教義」的關係問題，同時也談到了「靖國神社問題」。在這個意義上，涉及到了面對「國家的祭祀」應該如何定位自己所信奉的「宗教」這一問題。但是，由於作為「絕對之道」的「歸一於天皇的臣民之道」中包含了「阿彌陀佛的信仰」，所以，和基督教一樣，**「宗教」完全被吸收到「國家的祭祀」之中**了。靖國的「英靈」們通過「為扶翼皇運之大業而效勞」，已經「行了菩薩大道」。

狂熱鼓吹靖國信仰的高神覺升曾經說過：「靖國的精神，不只是戰爭中士兵們的精神。它是戰時也罷、平時也罷，所有日本人都應該堅持的日本的精神」。（載高神覺升《靖國的精神》，一九四二年）（參照第一章第三節）其實，如果這些話出自真言宗智山派的佛教徒、佛教學家們的口中，也決非不可思議。一九四一年二月，在太平洋戰爭開始之前，高神在大日本佛教聯合會編輯出版的《佛教報國綱要》裡這樣寫道：

> 感受到國家的恩德，為國家而祈禱，為國家而死。此次，不僅是士兵，所有的國民都明確地認識到了這一點。**日本本來就是一個宗教國家，日本的國民是信仰宗教的國民**。所以，這個道理不是到了這個時候才明白的。這是長期以來**神道和佛教一個為父、一個為母，對日本人進行宗教訓練**的結果。事變發生後不久，一家外國報紙刊載了一篇題為《日本人的犧牲精神》的社論。社論這樣說道：
>
> 日本國民愛自己的國家勝過一切。日本人一旦奔赴戰場，就決不會想到故鄉和親人。日本人一心想的只是怎樣殺死敵人，然後自己也戰死。之所以

如此，**是因為日本的宗教教育他們應該為了皇室和國民，勇敢地犧牲自己的生命**。還教育他們說萬事皆空，世事無常，所以不應該顧惜自己的生命，也不應該顧念自己的家人，而要為國家的安寧竭盡全力。日本人為了國家的進步，不惜奉獻自己的生命。他們對死亡毫無恐懼（以下省略）。

（中略）

總而言之，我們為有緣得以生在世界萬邦中無與倫比的**皇國日本**，為有緣得以遇到**世界上無與倫比的佛教**而欣慰，為感恩報德而**實踐臣道**，尤其是作為一名日本佛教徒在國家新體制下應行的唯一正確之道，我們應當再一次明確地認識到這一點。

「日本人的犧牲精神」即「靖國的精神」，是以「神道」為「父」、「佛教」為「母」而產生的。由於實踐臣道「尤其是」日本佛教徒應行之道，對於作為「宗教的國家」的「宗教的國民」來說，二者的關係密不可分。

淨土真宗東西兩派公認的宗教理論「真俗二諦論」的教義和「祭教分離」最終歸結於「祭教一致」的話語之間的關係，是一個必須深入研究的問題。菱木政晴認為，真俗二諦論主張「把宗教和意識的領域與世俗的、現實的領域區分開來，從而確立各自的真理（真諦）」，它雖然「與親鸞的思想沒有什麼聯繫」，但是卻構成了中世紀以來「佛法（寺廟勢力）與王法（以天皇為中心的世俗勢力）之間相互合作、相互依存關係的依據」（載前引《淨土真宗的戰爭責任》）。「祭祀」與「宗教」，也就是「歸一於天皇的臣民之道」與「阿彌陀佛的信仰」，本來是被區分開來的，但由於「佛法」對「王法」的無條件的配合，二者完全達到了「一致」，「佛法」被徹底「包含」在「王法」裡了。

一八九五年十月二十六日，甲午戰爭結束後不久，也就是《時事新報》刊載那篇《應為陣亡者舉行大祭》的大約一個月前，當時的大谷派法主在「對征清從軍陣亡者遺屬的說教」中說：

今天為征清軍隊舉行追悼法會，各位想必都在為親人在這次戰爭中的陣亡而悲傷，但是，你們好好想一想，人生在世，一生中要受到多少次無常的暴風雨的襲擊，在離開人世之前要經歷多少次病痛啊。然而，人生難得，尤其是**生在皇國日本，能光榮戰死，名揚海外，實在是一件值得高興的事啊**。既如此，遺屬們啊，（你們的親人）**在今世為國不惜性命，竭盡忠報國之誠意，不計一己之得失，全靠阿彌陀佛普度眾生的本願之力，生而為皇國的良民，死而得以往生安樂淨土華台**，吾門徒於現世及來世當使佛法永續，此心不二。

（刊載於《本山事務報告》第二十五號，一八九五年十月三十一日）

12．披著非宗教的外衣

就這樣，在「祭教分離」的前提之下，「宗教」——無論是基督教還是佛教——完全被「國家的祭祀」吞沒了，最終達到的是「祭教一致」。

「神社非宗教」是一個意識形態裝置，它把本身就是一種宗教的神社神道與其他所有的宗教「分離」開來，從而成為一個「超宗教」，使其它所有的宗教從屬於作為天皇制國家的國家「祭祀」的「國家神道」。

在讓靖國神社保持原樣，即保留其傳統的祭祀儀式的核心部分的同時，使它變成「特殊法人」，或者使它「非宗教化」，改為由國家經營，持這些意見的人對「神社非宗教」的內在機制，以及它所造成的災難性的歷史太缺乏瞭解了。在戰前和戰爭期間，靖國神社以它「本來」的姿態，已經是一個「**國立無宗教的陣亡者追悼設施**」了。確切地說，是**偽裝成**「國立無宗教的陣亡者追悼設施」的**「國立宗教的陣亡者彰顯設施」**。

「國立宗教的陣亡者彰顯設施」**偽裝成了**「國立無宗教的陣亡者追悼設施」。關於這一點，宗教學家加藤玄智在二十世紀三十年代提出的論點，很值得我們回味。加藤反對「神社非宗教」的做法，主張應該將「國家的神道」變成「國民的宗教」。

現在出現了一種可以稱之為國家神道的「倫理的偽裝」（Ethical Camouflage）現象。國家神道的倫理的偽裝，是指從外表看的確好像只是國家的儀式、典禮、國民道德，**本質上是宗教，但看起來決不像宗教**的東西。比如海岸上的炮臺，裡面實際上架設著大炮，但是從外面看起來，就好像是由樹木、土石構成的普通的景觀似的。這就是所謂炮臺偽裝（Camouflage）。

（載加藤玄智《從神社與宗教的關係論神道問題》，一九三一年）

「神社非宗教」以及與其意識形態裝置同時出現的「國家神道」，「實際上是宗教，但看起來決不像宗教」，被稱為神社神道的宗教，偽裝成「好像只是國家的儀式、典禮、國民道德」，也就是宗教上的「**倫理的偽裝**」。

而且，這種「倫理的偽裝」在今天還在繼續著。把靖國信仰與「宗教」區分開來，使它成為所有日本人都應該遵行的「道」，即使在戰後，在靖國神社從制度上成為宗教法人之後，靖國神社自不用說，即使是政府也仍舊沒有改變這種思想。

一九六九年八月，基督教徒遺屬會的十二名成員向靖國神社提出了撤銷合祀的要求。對此，池田權宮司進行了如下答覆：

> 靖國神社**不是**憲法所說的**宗教**，**是所有日本人都應該崇敬的「道」**（**道德**）。靖國神社的這一根本性質，還有它的祭祀內容，無論是戰前還是戰後，以及將來靖國法案得以通過，（靖國神社）改由國家經營之後，也完全不會改變。
>
> （載戶村政博編《靖國鬥爭》，一九七〇年）

基督教徒也應該拋棄偏見，不分畛域，**超越教派**，祭祀為國盡忠的人

（載小川武滿《希求和平的遺屬們的呼喊》，一九八三年）

一九七八年八月十五日福田赳夫首相參拜靖國神社時，安倍晉太郎官房長官說：

問題不在於靖國神社是不是神道，在我看來，這裡是**超越宗教的**、祭祀著許多曾經和我們一起戰鬥過的同胞的英靈的神社，我是站在超越佛教或神道的立場上，以無比崇敬的心情參拜靖國神社的。

（在眾議院內閣委員會上的發言，一九七八年八月十六日）

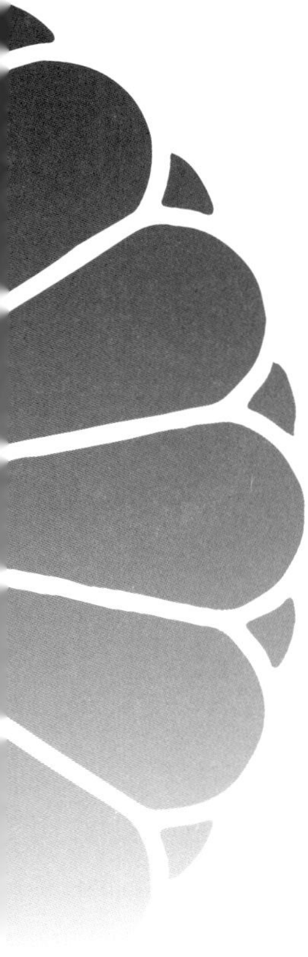

第四章／

文化問題

死者與生者的政治力學

〈歸國〉——陣亡者的遺體在沉默中歸國。

（攝於一九四九年一月九日／每日新聞社提供。）

01·作為「傳統」的靖國

以上就靖國問題從三個方面進行了探討。

第一章《情感的問題》中指出，靖國體系的本質是將戰死的悲哀逆轉為歡樂、將不幸逆轉為幸福的「情感的煉金術」。

第二章《歷史認識問題》中指出，甲級戰犯合祀問題只是與靖國有關的歷史認識問題的一個部分，靖國神社與貫穿日本近代歷史的整個殖民主義之間的關係問題才是本來應該追究的問題。

第三章《宗教問題》首先指出，在至今為止法院做出的判決中，或認為首相、天皇的靖國神社參拜違反憲法，或認為參拜有違反憲法的傾向。相反，沒有一次終審判決判定參拜合乎憲法。其次，論證了為什麼靖國神社的「非宗教化」不可能實現，並指出正是「神社非宗教」的謊言曾經使「國家神道」得以猖獗一時。

下面讓我們來看一看，他們是怎樣把靖國問題作為「文化」問題來討論的。

包括一些奇談怪論在內，把靖國看成是「日本的文化」這一類議論為數不少。二〇〇四年元旦，小泉首相在就任後第四次參拜靖國神社時，有人問他：「為什麼要在元旦這一天參拜？」小泉答道：「和日語中初詣[1]一詞一樣，難道這不是日本的傳統嗎？」（《朝日新聞》二〇〇四年一月二日）。首相在「初詣」時參拜靖國神社，這在日本還沒有先例。對小泉來說，這大概既是第一次、也是最後一次了吧。說「初詣」時參拜靖國神社是「日本的傳統」，這話難以成立。像這樣訴諸「我國的歷史」、「傳統」，而為參拜靖國神社尋找根據的議論不在少數。

在這類議論中，「文化」也好，「歷史」也好，「傳統」也好，意思大同小異。似乎只要在這個層次上立論，甲級戰犯合祀等戰爭責任問題，憲法規定的政教分離問題等就一概可以斥之為「表面的議論」了。似乎只要把首相參拜靖國神社說成是「日本的文化」，那麼其他國家就沒有道理來說三道四了。對於中國的批判，小泉首相也說：「任何一個國家尊重自己的歷史傳統，對此別的國家不應該說三道四」（同上）。這一類議論還進而強調日本人和中國人之間「生死觀的差異」。

聽到別的國家說我們祭奠死者的方式「不合其意、不好」，能說一聲「是的，知道了」，就照辦嗎？對此我感到疑問。

（小泉首相，二〇〇四年十月十八日在眾議院預算委員會上的發言）

在日本，一個人無論活著的時候做過什麼，死了之後是不加區別的。在中國，惡人死了以後，到那個世界去還是惡人。持有不同生死觀的人應該相互理解。

（町村信孝外相，二〇〇四年十月三日在朝日電視臺的報導節目中的談話）

1 初詣：指新年後首次參拜神社、寺廟等。

「中國文化是不寬恕死者的文化，日本文化是寬恕死者的文化」。「日本人將過去付諸流水，韓國人念念不忘過去的恨」等等。通過強調「文化的差異」來強調各國的文化應該平等地得到尊重。他們試圖用這種文化多元主義和文化相對主義的手法，來主張「日本文化」的權利，為甲級戰犯開脫罪行，把過去的侵略和殖民統治付諸流水。

02．江藤淳的主張

下面要分析的是江藤淳寫的題為《生者的視線與死者的視線》（載江藤淳、小堀桂一郎合編《靖國論集——為了日本的鎮魂傳統》，日本教文社，一九八六年）的文章，在這一類從文化角度論述靖國問題的議論中，這篇文章是最引人注目的。

一九八四年七月，文藝批評家江藤淳成為內閣官房長官藤波孝生設立的「閣僚參拜靖國神社問題懇談會」的成員。這個懇談會實際上是中曾根康弘首相為了公式參拜靖國神社而設立的一個機構，其主要任務是討論如何解決憲法對參拜靖國神社的制約問題。江藤本來是支持首相參拜靖國神社的，但是，隨著議論的展開，他越來越感到彆扭，曾幾次私下表示要退出懇談會，結果都由於被挽留而沒有退出，為此他後來一直感到懊悔。此中的原因何在呢？

江藤認為，參拜靖國神社問題，可以分為三個側面。即憲法問題、政治問題和文化問題。江藤的基本態度是：「至少應該從這三個方面同等地展開討論」，「關於憲法問題的討論，充其量只不過占其中的三分之一而已」。可是，「審議從頭到尾差不多都只是在討論憲法的解釋問題」，對江藤來說，具有「根本性」的重要意義的「文化論」，「在審議過程中自始至終被遺漏了」。之所以如此，是因為「頒佈於一九四五年的現行憲法像一件綁住身體的衣裳，牢牢地束縛了日本的習俗和文化」。

江藤首先指出，從「日本文化的連續性」的角度來看，規定政教分離的日本國憲法是「可有可無」的，它決不是什麼本質性的東西。大約在十八世紀末期美利堅合眾國憲法、法蘭西共和國憲法成立之後，Constitution一詞才被用來指成文憲法。Constitution的原意是make-up of the nation，無論是成文的還是不成文的，都是指「包括所有文化、傳統、習俗在內的一個國家的實際的情形」。也就是說，憲法只不過是以「一個國家的make-up of the nation」為基礎而成立的、而且只是其中被稱為「Constitution的那一部分、決不是指整個make-up of the nation」。

作為make-up of the nation的Constitution可以稱為「國體」，但是，因為「國體」

一詞容易被混淆為「戰前日本的國家體制」，所以不如稱之為「日本之為日本的特質」。

對日本人來說，最為重要的、只要是日本人自然皆會珍惜的東西，就是**日本之為日本的特質**。也就是make-up of the nation——make-up of Japan。總之，它形成於從《記紀》、《萬葉》到今天的日本的歷史演進過程之中，裡面凝聚著個人和民族的全部記憶。

這是一個重要的事實，尤其是在討論像對靖國神社進行公式參拜這樣的關係到國家如何決定對待戰死者的態度的問題時，必須討論的與Constitution有關的問題只能是「包括一切文化、傳統、習俗在內的一個國家的實際情形，**日本人在這個國家裡生生死死的歷史的累積**，除此之外不可能有其他問題。在更廣泛同時也是更深層的意義上說，這是**日本文化的問題**。在日本的文化脈絡之中，死者是如何被祭奠的，生者是如何對待死者的，今天這種方式是不是仍然在延續著。最根本的問題難道不在於此嗎？

那麼，在「日本文化」裡，生者與死者的關係到底是什麼樣的關係呢。

江藤說，在發生飛機事故後，日本人會千方百計地收集所有的遺體碎片、厚葬死者。而美國人在發生太空船事故之後，連一點要打撈遺體的意思都沒有。按照基督教的教義，人死了之後就回到上帝身邊去了，不存在日本人所說的那種意義上靈魂。換言之，美國人眼中的風景只不過是生者眼中的風景，而日本人眼中的風景則不同。下面一長段內容也引自江藤的文章。

> 日本人看風景時，不只是單純地觀察作為客觀對象的風景，**同時還意識到**與正在看風景的生者的視線相交錯的**死者的視線**。（中略）日本人在眺望身邊的風景時，**還感受到**同時也正在看著同樣的風景的另一個看不見的視線，即**死者們的視線**，從中汲取歡樂和寧靜，並且向死者發出呼喚。這也正是日本文學的特殊性之所在。
>
> 〔中略〕

也正如折口博士[2]所說的那樣，不僅僅是生者在客觀地看風景，死者也同時在看著那個風景。**正因為有死者之魂與生者之靈的交匯，今天日本的國土、文化、傳統才得以形成**。這才是日本的Constitution。Japanese way of life（日本人生之方式）同時也是Japanese way of the dead（日本人死之方式）。也就是說，要是不再想著死者的話，日本的文化就會滅亡。

〔中略〕

有斷絕同時也有連續，這就是日本人與死者的關係。因此不能不說日本這方國土，日本人眼裡看到的風景，以及日本人的日常所為，都是和**與死者的共生感**密不可分的。與死者「共生」，這看起來似乎是一件矛盾的事，其實，如果不與死者共生，我們就無法感覺到自己活著。這種感覺存在於日本

2 折口博士：指日本民俗學家、國文學家折口信夫（一八八七到一九五三年），以研究《萬葉集》於一九三四年獲博士學位。

文化的本源之中，也就是日本的「make-up of the nation」的本源之中。這是一種非常重要的感覺。

這種「與死者的共生感」普遍存在於日本的國土、日本人所看到的風景以及日本人的一切日常所為之中。這正是「日本文化的本源」，也是存在於「日本之為日本的特質」之中的「非常重要的感覺」。應該從「日本文化的本源」出發來論證首相、天皇參拜靖國神社的問題。這便是江藤的主張。他引用下面這首川路柳虹的詩為例，說明與死去的士兵之間的日本式的「共生感」，是如何被對此一無所知的美國文化所否定的。

魂兮歸來　　川路柳虹

一如往常
火車把人們吐在鄉村小站上
留下冷寂的煤煙

馳向山的那邊
走下來五六個人
在白布包裹著的木盒的引領下
一個個低垂著頭
默默無語地邁上田間小徑
只有幾個家人守護著，走在田間小徑上
昔日的榮光
曾經備受崇敬的英雄
如今化作一捧骨灰，回歸故里
沒有人祝福，像罪人一樣
蔥綠的田野上，小河潺潺
水面上倒映出廣闊的天空
流雲緩緩，仿佛永遠的步履

在水面上忽滅忽現
在這大自然的懷抱裡
一切的一切
歡樂與悲戚，昨日與今日
亙古如一，生生不息
英靈，在人們默默的守護下
在燃燒著的陽光裡
化作白蛾般的幻影
熠熠閃動，發出耀眼的光芒
魂歸何處
何罪之有
安息吧，靜靜地安息吧
在生你養你的故鄉的懷抱裡

在這沒有殺戮的寧靜的大自然裡

江藤說這是一首「鎮魂賦」，它「完美地繼承了日本詩歌的傳統」。詩人在寫景的同時也在向死者的魂靈發出呼喚，這裡面蘊含著「詩人與魂靈之間的共生感」。但恰恰是這種「與死者的共生感」，成了美國佔領軍審查官攻擊的靶子。他們刪去了《魂兮歸來》中的「魂」字，詩的題目也改成了《歸來》。呼喚死者魂靈的部分被刪除之後，這首用日語寫就的詩已經不再是日本的詩了，它變成了下面這首「詩的殘骸」。

歸來
一如往常
火車把人們吐在鄉村小站上
留下冷寂的煤煙
馳向山的那邊

走下來五六個人
在白布包裹著的木盒的引領下
一個個低垂著頭
默默無語地邁上田間小徑
只有幾個家人守護著，走在田間小徑上
蔥綠的田野上，小河潺潺
水面上倒映出廣闊的天空
流雲緩緩，仿佛永遠的步履
在水面上忽滅忽現
在這大自然的懷抱裡
一切的一切
歡樂與悲戚，昨日與今日
亙古如一，生生不息

在生你養你的故鄉的懷抱裡，
在這沒有殺戮的寧靜的大自然裡。

對江藤來說，「懇談會」不是把參拜靖國神社的問題作為「與死者的共生感」這一「日本文化的本源」問題來討論，而是始終只是討論如何對現行憲法進行解釋的問題，這樣的審議和一首用日語寫就的、但已不再是日本詩歌的「詩的殘骸」沒有什麼兩樣。

03．「靖國」背後的政治意志

在從文化角度討論靖國問題的各種意見中，江藤的上面這番議論可以說是最為精煉的。但是，對此我們仍然不禁要提出許多疑問。

首先，江藤的議論所賴以立足的大前提是，存在一個「形成於從《記紀》、《萬葉》到今天的日本的歷史過程之中」的「日本文化」，它的「本源」是「與死者的共生感」。但是，這個前提決不是自明的。江藤從「結構主義」的角度出發，把「日本文化」和「美國文化」，「我們的Constitution」和「歐美人的Constitution」看成是「完全對等」的，並且說這在思想上完全屬於「常識」範圍。但是，江藤所說的「日本文化」、「美國文化」貫穿於歷史之中，「自《記紀》、《萬葉》以來」的「日本文化的本源」亙古不變，這些前提本身都是極為可疑的，而他卻對此絲毫不抱懷疑。

然而，我們在這裡假設基本同意江藤的大前提，也就是說，姑且同意江藤所說的

「與死者的共生感」存在於「日本文化」的「本源」之中。但是，即使如此，還有一個最根本的疑問，那就是**「與死者的共生感」為什麼必須以靖國的形式來表現**？其必然性何在？根據何在？

江藤寫道：

> 日本人不是只考慮生者就行的民族。生者為了能夠作為生者生氣勃勃地活著，必須常常想著死者。日本人大體都是這樣生活著的。東京市內只有在盂蘭盆節和年終時節才會變得空曠無人，（中略）盂蘭盆節恰恰是人們去會祖先的日子。人們回到各自的故鄉，去會祖先的魂靈，充分恢復生氣後再拼命地幹到年終，這就是日本人。發生戰爭也好，天變地異也好，從來都是如此。這才是日本的Constitution。
>
> 或者是在「初詣」時到神社或寺院去參拜，雖然冥府不同，但都是為了去確認生者與死者之間的聯繫。要是這種習俗被割斷的話，我們就不再成其為

日本人了。

雖說盂蘭盆節和「初詣」是日本的「習俗」，但是，用盂蘭盆節和「初詣」來說明靖國神社、靖國參拜，顯然有邏輯上的跳躍。江藤說盂蘭盆節和「初詣」「發生戰爭也好，天變地異也好，從來都是如此」。但是，如果沒有戰爭的話，是不會有靖國神社的。就盂蘭盆節和「初詣」而言，人們與死者的關係是與「祖先」之間的關係。但是，就靖國神社而言，與死者的關係是與戰死者之間的關係，而且是**與特殊的戰死者之間的關係**。

第一，與戰死者之間的共生感為什麼必須以參拜靖國的方式才能獲得？二者之間並沒有必然聯繫。如果不參拜靖國神社，就不能在盂蘭盆節、在新年的「初詣」時懷念死者嗎？決非如此。這一點在江藤援引的川路柳虹的詩《魂兮歸來》裡也有暗示。雖然在詩中死去的士兵的魂靈被稱為「英靈」，但是它所要歸去的卻是「故里」。

魂歸何處，

何罪之有？

安息吧，靜靜地安息吧

在生你養你的故鄉的懷抱裡，

在這沒有殺戮的寧靜的大自然裡。

對士兵的祭奠和追悼可以採用各種方式。無論在戰前、戰爭期間、還是戰後，之所以採取參拜靖國神社的方式，都取決於**國家的政治意志**，它超越了江藤所謂的「文化論」的範疇。

第二，要說「與死者的共生感」是文化的話，為什麼靖國神社只祭奠日本的戰死者中的軍人和軍隊中的文職人員，而不祭奠戰死的平民呢？

站在沖繩島摩文仁的山丘上凝望大海，也能緬懷在沖繩之戰中死去的人們。然而，靖國神社只是從無數死者中挑選日本軍的戰鬥人員和文職人員予以祭奠，而對其餘為數更多的戰死者卻置之不顧。當然，作為例外，靖國神社裡也祭奠著在作戰中或在軍事工程中死去的平民（准文職人員）。但是，無論如何，在戰爭中死去的普通百姓是不被祭奠的。像在廣島、長崎遭受原子彈轟炸的普通遇難者，還有在東京空襲等多次空襲中失去生命的普通百姓，這幾十萬戰死者都沒有被祭奠在靖國神社裡。要說與戰死者之間的「共生感」、「死者之魂與生者之靈的交匯」的話，為什麼要把在戰爭中死去的平民從日本的戰死者中排除出去呢？

江藤把靖國問題說成是「日本文化的問題」、是「在（日本）文化的脈絡之中，死者是如何被祭奠的、生者是如何對待死者的，今天這種方式是不是仍然在延續著」的問題。然而，存在於「日本文化本源」之中的「與死者的共生感」，是不是像靖國神社那樣，僅限於與戰死的士兵之間的「共生感」呢？在「日本文化」中，自「《記紀》、《萬葉》以來」，生者是不是這樣對待死者的呢？盂蘭盆節也好、「初詣」也好、柿本人麻呂[3]的和歌也好，江藤自己舉的例子也好，都說明不是如此。像靖國神社那樣只厚待戰死的軍人和軍隊中的文職人員，這也是由超越「文化論」的**國家的政治意志**所決定的。

第三，如果說是為了「與戰死者的心神感應」的話，那麼，為什麼靖國神社不祭奠

「敵」方的戰死者呢？

在日本的中世紀和近世，受佛教「怨親平等」思想的影響，形成了祭奠敵我雙方陣亡者的習慣。北條時宗在文永．弘安之役（即「元寇」）後修建圓覺寺，島津義弘在慶長之役（即「朝鮮出兵」）後在高野山的內院樹立敵我雙方供養碑[4]，都是為了祭奠敵我雙方的陣亡者。

但是，靖國神社決不會祭奠與日本軍作戰的外國軍隊的陣亡者。這裡既不祭奠在臺灣島、朝鮮半島、中國大陸、珍珠港、東南亞與日本軍作戰中陣亡的外國士兵，也不祭奠任何一個在沖繩之戰中陣亡的美軍士兵，以及在廣島、長崎原子彈轟炸中死去的聯合國軍俘虜。當然也不祭奠在日軍發動的戰爭中死去的外國平民。只有在沖繩的

3 柿本人麻呂（六六〇到七二〇年）：日本飛鳥時代的和歌詩人，是《萬葉集》作者中最著名的詩人，有「歌聖」之稱。

4 敵我雙方供養碑：全稱為「日本高麗戰歿者供養碑」，建於一五九九年（慶長四年）。高野山位於和歌山縣北部，是日本佛教真言宗的開山之地。

和平之礎[5]，我們才能看到沖繩之戰的戰死者的名字不分國籍、不分軍人和百姓，被銘刻在石碑上。要說與戰死者的心神感應是日本的「文化」的話，為什麼外國的死者被排除在外呢？江藤說「正因為有死者之魂與生者之靈的交匯，今天日本的國土、文化、傳統才得以形成」。那麼，為什麼在沖繩、廣島、長崎等「日本的國土」上戰死的外國人，被靖國神社拒之門外呢？

其實，江藤也意識到了這個問題。他說：

> 關於這個問題，在中國有人提出應該同時祭奠敵我雙方的死者。假惺惺地祭奠敵我雙方的死者，有必要做這種偽善之事嗎？**哪一個國家不是在按照本國的風俗、文化來祭奠自己國家的戰死者的呢**？

邏輯是多麼混亂！江藤在這個問題上的「基本態度」是，以「日本之為日本的特質」與「美國之為美國的特質」不同、「我們的Constitution」和「歐美人的Constitution」不同，來論證靖國神社是「生者與死者之間發生心神感應」的「日本文化獨特的空間」。可是，江藤在這裡卻突然說「哪一個國家」不是這麼做的，「哪一個國家」不是在祭奠「本國的戰死者」，或者只祭奠「本國的戰死者」呢？日本也是如此。但是，這樣一來，就出現了一個矛盾。江藤本來是想以日本「獨特的」文化傳統來為靖國神社辯護的，但他卻完全無視日本文化中「祭奠敵我雙方死者」的傳統，說「哪一個國家不是」云云。為了給靖國神社辯護，他不得不訴諸這種**非日本**的方式。

5 和平之礎：位於沖繩縣絲滿市摩文仁的和平祈求公園內，建成於一九九五年。

04．靖國能代表日本的文化嗎？

靖國神社不予祭奠的「敵」方的死者，不只限於外國人。即使是「本國的死者」，如果屬於「敵」方的話，決不會予以祭奠，這就是靖國。

靖國神社的前身東京招魂社在一八六九年六月舉行第一次合祀儀式，祭奠自幕府末期以來死於內戰的「官軍」，也就是新政府軍的三五八八名陣亡者。在那以後，包括東京招魂社改名為靖國神社之後，直至今日，祭奠在這裡的內戰中的陣亡者，只有「官軍」即新政府軍的死者，而「賊軍」即前幕府軍和反政府軍的死者不包括在內。一八六九年七月，兵部省規定東京招魂社每年舉行四次例行大祭：一月三日（伏見戰爭紀念日）、五月十五日（上野戰爭紀念日）、五月十八日（函館投降之日）和九月二十二日（會津藩投降之日）。把東京招魂社的祭禮定在平定「朝廷之敵、賊軍」的日子，這表明了明治新政府把「朝廷之敵、賊軍」作為敵人從靖國神社中排除出去的方針，也決定了靖國神社在此後的地位(今井昭彥《國家不予祭奠的死者——以白虎隊員為例》,國際宗教研究所編《有必要設立新的追悼設施嗎?》,鵜鶘社,二〇〇四年)。

哪怕同為「日本人」戰死者,靖國神社也要把與當時的「政府」即天皇一方為敵的戰死者排除在外。這種「對待死者的方式」,與對待會津之戰(這次戰爭決定了戊辰戰爭的勝敗)陣亡者的兩種截然相反的態度一脈相承。會津藩投降後,在會津若松城下為「官軍」諸藩的陣亡者建造了一座墓地,墓地的燈籠上刻寫著下面一段話:

> 明治元年春,奧羽、北越諸侯抗王命,天皇赫怒,命太宰帥、兵部卿二親王率勤王諸侯之師討之。兵部王自北陸,有棲川王自東海往平匪徒。秋九月,兩道之師會於會津,圍若松城,攻戰有日,遂奏平定之功,而戰歿者亦不少。因葬屍於此土,壽石以記其概,且使後世知忠義之勇有若人,是獎勵之意也[6]。

相反，新政府下令，禁止埋葬會津藩三千名陣亡者的遺體。會津藩武士町野主水在《明治戊辰殉難者之魂奉祀之由來》一文中這樣寫道（前引今井論文。引文中的「西軍」指明治政府軍，「東軍」指會津藩的軍隊）：

> 當時，西軍下令**絕對不准碰任何一個東軍陣亡者的遺體**，違抗者**嚴懲不貸**。因此沒有人敢埋葬東軍陣亡者的屍體。**屍體被狐狸鳶鳥等齧食，日漸腐爛，慘不忍睹**。

這令人不禁想起古希臘索福克勒斯的悲劇《安蒂岡妮》。爭奪忒拜國王位的波呂尼刻斯、厄忒俄克勒斯兩兄弟戰死後，他們新即位的叔父克瑞翁厚葬厄忒俄克勒斯以示彰顯，相反，禁止埋葬和追悼波呂尼刻斯，屍體任憑鳥獸摧殘。

> 厄忒俄克勒斯為保衛國家而戰，戰功赫赫，死於敵手。因此建造墳墓，

為其舉行最高級別的葬禮。反之，他的兄弟波呂尼刻斯以亡命之身歸來，放火圖謀焚燒父祖之國、神氏之殿。〔中略〕故此通令全國，不准造墓埋葬，亦不准為其哭泣哀悼。讓（其遺體）暴露在外，任憑鵬鳥、野狗啖食，讓其蒙羞以儆戒眾人。

我（克瑞翁）決不允許不逞之徒以邪壓正，從我手中獲取榮譽。只有衷心為國者才能從我手中得到榮譽，無論他活著還是已經死去。

（吳茂一譯，岩波文庫，一九六一年）

兩兄弟的妹妹安蒂岡妮違背代表國家意志的克瑞翁的命令，埋葬了波呂尼刻斯，由此拉開了一系列悲劇的序幕。這些都是讀者熟悉的情節。

6　這一段銘文轉引自今井論文。本書中譯本引用的是漢文原文，由東明寺住持中村昌道向譯者提供。文中提到的燈籠現存於福島縣會津若松市東明寺內。

江藤的議論在這裡也暴露出了深刻的矛盾。

在日本中世紀和近世，祭奠對外戰爭的死者時也是怨親平等的。在「日本人」之間發生的戰爭中，類似的例子更多。平重盛在紫金山弦樂寺，藤澤清在淨光寺（遊行寺）中修建的敵我供養塔，以及足利尊氏修建的靈龜山天龍寺，足利尊氏、足利直義兄弟修建的大平山安國寺，以及北條氏時修建的玉繩首塚等等。有人說：「在中世紀以後的日本，每次戰爭結束後，獲勝的武將一定會為敵我雙方的陣亡者舉行『大施餓鬼會』，修建敵我雙方供養碑」（載圭室諦成《葬禮佛教》，大法輪閣，一九八六年）。

與此不同，靖國神社連死於「內戰」的敵方陣亡者也不予祭奠。要想把靖國神社的這種「對待死者的方法」說成是與「《記紀》、《萬葉》以來」「日本人」「對待死者的方法」一脈相承的話，必須把上述這種祭奠敵我雙方陣亡者的歷史從「日本人」「對待死者的方法」的歷史中排除出去。

具有諷刺意味的是，被靖國化了的這種「日本的傳統」不是「日本固有」的傳統，倒和古希臘忒拜國王克瑞翁「對待死者的方法」一模一樣，也和美國南北戰爭後修建的阿靈頓墓地——這裡只埋葬獲勝的北方軍隊的陣亡者，不埋葬南方軍隊的陣亡者——十分相似。江藤試圖通過強調「日本文化」與「美國文化」之間的差異、日本人「對待死者的方法」與美國人「對待死者的方法」之間的差異來為靖國神社辯護，但是，靖國神社不同於日本中世紀、近世的祭奠敵我雙方陣亡者的傳統，卻與美國的阿靈頓墓地相似，對此，又該怎麼解釋呢？

關於靖國神社不祭奠內戰中的敵方陣亡者這一點，其實江藤也意識到了。他說：「國內的死者以後可以通過請願而受到祭奠」。發生在明治初期的「佐賀之亂」中的「叛軍」陣亡者，雖然在佐賀出身的議員們的努力下在大正初期「恢復了名譽」，但「想被祭奠在靖國神社裡，那簡直是異想天開」，所以「顧慮重重，沒能說出口」。「現在事情過去很久了，或許能受到祭奠吧」。

想受到祭奠卻又因為「顧慮重重，沒能說出口」，在「事情過去很久」之後，要是拼命「請願」的話，「或許能受到祭奠」。這是一種什麼樣的**政治性的**祭奠啊。它與「死者之魂和生者之靈的交匯」、「與死者的共生感」、「鎮魂」等等「文化上的」「感覺」相去甚遠。在說上面這些活的時候，江藤無意中道出了一點，那就是，在靖國問題上，與死者的關係不是單純的文化上的關係，從根本上說，它是一種政治關係。不管怎麼說，從一八六九年東京招魂社創建到現在，大約一百四十年過去了，在此期間，靖國神社無論是在作為國家機構的時代，還是在戰後成為宗教法人之後，從來沒有祭奠過一個與「天皇的軍隊」為敵的戰死者。靖國神社如此排斥敵方的戰死者，原因就在於它是超越「文化」的國家的政治意志的產物。

在說「假惺惺地祭奠敵我雙方的死者，有必要做這種偽善之事嗎？哪一個國家不是按照本國的風俗、文化來祭奠自己國家的戰死者呢」等話的時候，江藤把以「元寇」入侵之後的北條時宗、豐臣秀吉「朝鮮出兵」之後的島津義弘為首的日本的武將從怨親平等的思想出發對敵我雙方死者進行的祭奠，都一概說成了「假惺惺」的「偽善」行為。的確，在不祭奠敵方陣亡者這一點上，靖國和上述這些日本的歷史是脫節的。在排斥本國的敵方戰死者這一點上，它和阿靈頓墓地很相似。在排斥敵國的戰死者，只祭奠本國的戰死者這一點上，它不僅和阿靈頓墓地相似，也和英國的陣亡者紀念碑、法國的無名戰士之墓、澳大利亞的國立戰爭紀念館以及韓國的國立墓地「顯忠院」、國立戰爭紀念館等相似。

當然，我的意思並不是說日本的傳統不是靖國式的，也不是說日本自古以來都是以「怨親平等」的方式祭奠敵我雙方死者的。中世紀、近世對戰死者的祭奠並不都是怨親平等的。實際上，從《記紀》、《萬葉》時代到靖國神社，在如何對待死者的問題上，並不存在什麼前後一貫的傳統。在生者與死者的關係問題上，也不存在什麼日本式的前後一貫的傳統。

西方世界的情形也是如此。二〇〇〇年事實上，在近代民族國家形成後，各國都熱衷於祭奠本國的陣亡士兵（載喬治·莫塞〔George L. Mosse〕《英靈——被創造的世界大戰記憶》，宮武實知子譯，柏書房，二〇〇〇年）。在古希臘、羅馬時代，已經盛行為「為祖國而死」（pro patria mori）的士兵們舉行彰顯儀式。

但是，正如漢娜·鄂蘭所指出的：「以往在西歐世界（在極權國家出現之前），哪怕是在最黑暗的時代，我們理所當然地被認為都是人（而且除了是人之外什麼都不是），因此，即使被殺死的敵人也理所當然被認為擁有受到追憶的權利。阿基里斯曾親自前往埋葬赫克托耳，連專制政府都尊重死去的敵人。羅馬人允許基督教徒為殉教者撰寫傳記，教會也把異教徒列入人類的記憶之中」（刊載於《極權主義的起源3．極權主義》，大久保和郎．大島香譯，美篶書房，一九八一年）。可以說，《安蒂岡妮》描寫了兩種「對待死者的方式」之間的對立。

05・特殊的死者們

如上所述，靖國神社與死者的關係，是與特殊的戰死者之間的關係，也就是從戰死者中把敵方的戰死者排除在外，而且從本國的戰死者中把在戰爭中失去生命的平民排除在外之後的與戰死的日本軍的軍事和文職人員（以及協助日本軍作戰的人）之間的關係。只要這種關係不是出自江藤所說的「文化」，而是出自國家意志，那麼，從文化的角度來討論靖國問題，從根本上說是行不通的，

有人會說，靖國神社裡有一座「鎮靈社」，裡面不是祭奠著「沒有祭奠在靖國神社正殿裡的魂靈，以及世界各國的戰死者和所有死於戰爭的人們的魂靈嗎」（靖國神社主頁），還有什麼問題呢？他們會說，鎮靈社裡祭奠著在戰爭中死去的日本的普通百姓，在內戰、還有在內戰和對外戰爭中死去的敵方的戰死者，所以靖國神社決不是只祭奠日本軍的軍事和文職人員的神社。

然而，這種說法到底有多大說服力呢？

一九六五年七月，在靖國神社的一個角落裡建起了一座名叫鎮靈社的小祠。它孤寂地佇立在無人光顧的黯淡的角落裡，彷彿是專門為對付「靖國神社是只祭奠日本軍的軍事和文職人員的神社」這一批評而施的障眼法。

在靖國神社作為國家機構發揮其本來職能的大約九十年的時間裡，不存在鎮靈社；在日本敗戰後的二十幾年的時間裡，也不存在鎮靈社。僅憑這一點，就足以說明鎮靈社不是靖國神社不可缺少的一部分。

更為重要的是，即使是在鎮靈社建成之後，靖國神社裡「祭神」的數目並沒有增多，仍然是正殿裡的大約二五〇萬，鎮靈社裡的「魂靈」並不包括在內。說是「世界各國的戰死者和所有死於戰爭的人們的魂靈」，但不知道是從什麼時候，從哪一次戰爭開始算起。單是第一次、第二次世界大戰的死者加起來就有七千萬人，要是把從十九世紀下半葉到現在的戰死者加起來的話，總數大概遠遠超過一億了吧。一個神社擁有如此驚人數目的「祭神」，還有什麼意義？

雖然鎮靈社裡也「祭奠」著「魂靈」，但是其規格不可能與正殿裡祭奠的「魂靈」相同。假如規格相同的話，那麼，把正殿裡的「祭神」「合祀」到鎮靈社裡不就行了嗎？但這是絕對不被允許的。假如規格相同的話，那麼，反過來，只要履行與二五〇萬「祭神」相同的手續，把知道姓名的鎮靈社的「魂靈」「合祀」到正殿裡就行了。但是，這也是絕對不被允許的。「世界各國的戰死者和所有死於戰爭的人們的魂靈」成為靖國神社的「祭神」，而且被稱為「英靈」，這一天大概不會到來。

總之，靖國神社的「祭神」不單純是「戰爭中的死者」，而是在日本國家政治意志的作用下被挑選出來的特殊的戰死者。

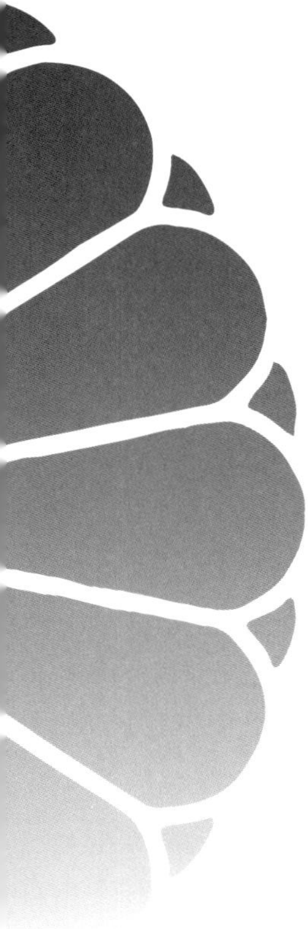

第五章／

國立追悼設施的問題

問題的關鍵何在

新崗亭 德國國立中央陣亡者追悼所。
(shutterstock)

01．消除「芥蒂」的方法

如果想要把靖國神社變成「我國追悼戰歿者的核心設施」而使它復活的話，將面臨很大的困難。

首相如果參拜靖國神社的話，因為靖國神社裡合祀著「甲級戰犯」，肯定會遭到中、韓等國的反對。如果無視這些來自外國的反對意見的話，將會引起外交問題，而且將無法消除這些國家的民眾對日本的不信任。通過政治途徑將甲級戰犯分祀的企圖，也由於靖國神社和遺屬們的反對而無法實現。

認為首相參拜靖國神社違反憲法中的政教分離原則的人，一次又一次地提起訴訟。對於首相參拜靖國神社，法院做出了包括違憲在內的多次終審判決，其中沒有一項判決明確認為參拜合乎憲法。以廢除政教分離為目的的憲法「修正」案根本不值一提。只要靖國神社仍然是宗教法人，靖國神社參拜所遇到的憲法上的問題就無法解決；如果將靖國神社變成「非宗教」的「特殊法人」的話，靖國神社就不成其為靖國神社了。

如果明知存在上述問題，卻仍要堅持進行國家規模的「陣亡者追悼」活動的話，那麼，可以選擇的餘地就非常有限了。那就是建立一個「國內外的人都能心無芥蒂地進行誠摯的追悼」的「國立無宗教的戰歿者追悼設施」。「國內外的人都能心無芥蒂地進行誠摯的追悼」一語，最早出自二〇〇一年八月十三日小泉首相第一次以首相身份參拜靖國神社時發表的「總理大臣談話」。

今後的問題是應該怎樣既尊重國民對靖國神社、千鳥之淵戰歿者墓地[1]抱有的情感，又能使國內外的人都能心無芥蒂地進行誠摯的追悼。我認為有必要就這個問題展開討論。

關於「千鳥之淵戰歿者墓地」，將在下文論及。不管怎麼說，就連在受到「國內外」

批判的情況下仍然聲稱參拜是「作為日本國民、作為總理的理所當然的行為」、強行參拜靖國神社的小泉首相，也認為「國內外」有不少人對參拜靖國神社一事「心存芥蒂」，對此不能置之不理。按照首相的這一意向，同年十二月十四日，設立了福田康夫內閣官房長官的私人諮詢機構「關於以追悼與祈禱和平為目的的紀念碑等設施的懇談會」（以下簡稱為「追悼懇」）。在大約一年之後的二〇〇二年十二月二十四日，「追悼懇」提交了一篇題為〈必須設立以舉國追悼與祈禱和平為目的的國立無宗教的永久設施〉的報告（以下簡稱「報告」）。

「報告」的內容公開後，有人贊成，也有人反對。人們從各種不同的立場出發，就設立「新的國立追悼設施」的問題展開了討論（例如，管原伸郎編《戰爭與追悼——關於靖國問題的建議》，八潮社，二〇〇三年。田中伸尚編《關於國立追悼設施的思考——為了不再「為國家而死」》，樹花社，二〇〇三年。國際宗教研究所編《有必要建立新的

1　千鳥之淵戰歿者墓地：請參見本章第八節的有關內容。

追悼設施嗎？》，鵜鶘社，二〇〇四年，等等）。限於篇幅，這裡無法逐一加以評論，下面集中討論幾個要點。

「報告」指出，新的國立戰歿者追悼設施一個是「非宗教」的設施。不論「每個來訪者持有何種宗教情感」，它必須保障「每個人都能從各自的立場出發，以各自的方式進行追悼、祈禱和平」。「由於這個設施必須是國家設立的設施，它不能違反日本國憲法第二十條第三項以及第八十九條關於政教分離的規定，所以不能帶有宗教性質」。

與此相關聯，「報告」也涉及到了「追悼」的意義：「在這個設施裡舉行的追悼活動，其本身具有不同尋常的意義，也是祈禱和平的活動的一部分。追悼本身不是唯一的目的，它具有「哀悼死者、追念死者」的性質，而**不具有宗教設施的「祭祀」、「祭奠」或「鎮魂」的性質**」。

從表面上，「報告」明確地把新的追悼設施和靖國神社區別開來了。的確，只要這個設施「不帶宗教色彩」，它就不同於作為宗教法人、作為神社的靖國神社。

但是，如果真是這樣的話，首相、天皇前往舉行「追悼」儀式，是不是就無條件地實現了政教分離了呢？回答是否定的。如果「每個人都能從各自的立場出發，以各自的方式進行追悼、祈禱和平」的話，那麼以什麼方式來「追悼、祈禱和平」，就成了問題的核心。有首相、天皇出席的儀式如果在形式上與特定的宗教相關聯的話，那麼，就有必要對政教分離問題進行重新審視了。

02．為了「不戰」[2]與和平的設施？

讓我們姑且假設這個問題已經得到了解決。

那麼，為什麼要設立一個新的國立追悼設施呢？關於這一點，「報告」指出：

毋庸贅言，明治維新以後，在日本參與的對外戰爭（戰爭和事變）（以下簡稱為「戰爭」）中死去的人為數極多。尤其是在慘烈無比的上一次大戰中，失去了許多寶貴的生命。即使那些倖存下來的人，至今仍有許多在為終生難以癒合的傷痛和後遺症而悲傷、痛苦。

戰後，按照日本國憲法的規定，日本決心不再重演因政府的行為而再度發生戰爭慘禍，祈求日本與世界的永久和平。但是，在這之後，在維護日本的和平與獨立、保衛國家安全的活動中，在日本所參與的維護國際和平的活動中，也有為數不多的一些人失去了生命。

我們決不能忘記這些事實。我們必須牢牢記住，為了日本的和平，犧牲了許多寶貴的生命。為了實現日本和世界的和平，我們必須讓我們的後代也牢牢記住。

日本在上一次大戰中有過慘痛的經歷，為了積極謀求和平，首先必須**從過去的歷史中吸取教訓，在此基礎上，追悼所有的戰死者，深切地認識**到戰爭的悲慘性，再一次起誓不戰、祈禱和平。

因此，追悼與祈禱和平二者是密不可分的，由國家正式設立作為追悼與祈禱和平的象徵性的設施，是有意義的。

2

不戰：「不再進行戰爭」之意，來源於日本國憲法第九條關於「永遠放棄以國家權力發動的戰爭」，永遠放棄戰爭和武力行使的規定。

「報告」說，新的設施是「按照日本國憲法的規定，決心不再重演因政府的行為而再度發生戰爭慘禍，祈求日本與世界的永久和平」而設立的「追悼與祈禱和平二者密不可分的」設施，是「深切地認識到戰爭的殘酷性，**再一次起誓不戰、祈禱和平**」的設施。如果是這樣的話，那麼，人們自然會認為，它完全不同於彰顯戰死者、動員國民投入下一次戰爭的靖國神社，而是一個以「不戰」與「和平」為目的的設施。

「報告」還明確了新的追悼設施與靖國神社的區別。和只以「祭神」為物件的靖國神社不同，這個設施不以特定的人為「追悼物件」。

> 追悼的對象不限於為國而戰死的將士。許多平民在由戰爭造成的空襲等各種災難中死去。他們之中有不少人沒有成為現有的祭奠設施的祭奠對象。
>
> 出於對戰爭悲慘性的深切認識，無論出於何種理由，由於日本發動的戰爭而失去生命的外國的將士和平民，他們和日本人之間不應該有任何區別。

在戰爭中死去的（日本的）普通百姓和外國人，被從靖國神社的「祭神」中排除在外（在明治維新前後發生的內戰中，「賊軍」陣亡者也被排除在外）。與此不同，新的追悼設施的追悼物件包括了在「明治維新後日本所參與的對外戰爭」中死去的「所有死亡者」。「報告」明確指出，外國人「**和日本人之間不應該有任何區別**」。這一點也不同於靖國神社，應該說這是一個擺脫了軍國主義和本國中心主義（「狹隘的民族主義」）的「具有開放性的」追悼設施吧。

03 · 歷史認識中存在的問題

如果真是這樣的話，那麼，這個設施是不是就沒有問題了呢？建造這樣一個設施，如果把這個設施——而不是靖國神社——作為「我國追悼陣亡者的核心設施」的話，「靖國問題」是不是就解決了呢？

事情並非如此。

首先，「甲級戰犯」問題將如何解決？關於這一點，「追悼懇」的報告閃爍其辭。這樣做應該說是別有用意的。

「報告」說，建造這個設施只是為了使「所有的死者都能成為追悼對象，不拘泥於具體的個人是否應該包括在追悼物件之中。比方說前來祈禱的人通過悼念自己的親人或朋友，牢記戰爭帶來的慘禍、再一次起誓不戰，祈禱和平。將要建立的就是這樣一個設施」。

也就是說，不能明確地說像十四名「甲級戰犯」這樣一些「具體的個人是否應該包括在被追悼的物件之中」，但是「甲級戰犯」的親人、朋友作為前來「祈禱的人」，當然可以通過悼念「（作為甲級戰犯）死去的親人、朋友，牢記戰爭帶來的慘禍、再一次起誓不戰，祈禱和平」。

用這種方法或許可以解決和中國、韓國之間的「甲級戰犯」問題。到目前為止，在如何解決「甲級戰犯」的問題上，中、韓兩國政府對設立國立追悼設施的方案是持歡迎態度的。只要新的設施不把追悼對象作為「神」來祭祀，不把他們或作為「護國的英靈」來彰顯的話，即使這個設施的追悼物件是否包括「甲級戰犯」這一點不明確，也有可能達成「政治解決」。在每年八月十五日由政府舉行的「全國戰歿者追悼儀式」的追悼對象中，十四名「甲級戰犯」也包括在內。之所以沒有受到中、韓兩國的批評，是因為它不同於作為「日本軍國主義象徵」的靖國神社把「甲級戰犯」作為「祭神」。

但是，正如在第二章中已經提到的那樣，以政治手段謀求解決「甲級戰犯」問題，將會阻礙更為本質性的歷史認識問題的解決。和在「甲級戰犯」問題上採取的曖昧態度相比，「追悼懇」的報告中存在著一個更大的問題，那就是它在歷史認識問題上的曖昧態度。在今天，靖國神社仍然建立在日本過去進行的侵略戰爭和殖民統治都是正確的這一歷史認識之上。雖然「追悼懇」的報告沒有這麼說，但是，在這一點上，「報告」的態度**完全是模糊不清的**。「報告」為這種曖昧的態度作了如下辯解：「值得注意的是，日本作為一個民主國家，理所當然不應該對歷史下最後結論。這是一個民主國家理所當然應該作到的。相反，國家有義務保障國民能夠對歷史做出多種解釋」。

不能不說這是以「民主主義」為藉口，逃避國家在歷史認識問題上應負的責任。德意志聯邦共和國公開承認納粹的歷史是錯誤的歷史，難道它算不上是民主國家嗎？就算新的追悼設施是一個「追悼所有的戰死者，深切地認識到戰爭的悲慘性，再一次起誓不戰、祈禱和平」的設施，但人們在這裡看不到對侵略戰爭和殖民統治的絲毫反省。它甚至連小泉首相在第一次參拜靖國神社時發表的「談話」中所表示的下面這一番歷史認識的水準也沒有達到。

在進入二十一世紀之始，回顧上一次大戰，我的胸中不禁湧起一股肅然之情。在這次大戰中，日本給包括我國國民在內的世界許多國家的人們，帶來了巨大的慘禍。尤其是，日本在過去的一個時期裡，遵循錯誤的國策，對亞洲近鄰國家進行了殖民統治和侵略，（給這些國家的人們）帶來了難以形容的慘痛經歷。在這些國家，許多人至今還帶著難以癒合的傷口。

在此，我坦誠地承認我國的這一段悔恨的歷史，在進行深刻反省的同時，謹對所有在戰爭中失去生命的人們致以哀悼之意。

小泉一邊說日本的殖民統治和侵略給「亞洲近鄰國家」的人們造成的「難以癒合的傷口」「至今」「尚且存在」，一邊又去參拜靖國神社，往「難以癒合的傷口」上撒鹽，這是自我矛盾的行為。話雖如此，「（日本）在過去的一個時期裡，遵循錯誤的國策，對亞洲近鄰國家進行了殖民統治和侵略，（給這些國家的人們）帶來了難以形容的慘痛經歷」，這種歷史認識本身並沒有錯。小泉的這些話，出自一九九五年八月十五日「戰後五十年」之際發表的「村山首相談話」中的下面一段內容：

我國在過去不遠的一個時期裡，實行錯誤的國策，走上了戰爭之路，使國民陷入了生死存亡的危機，（我國的）殖民統治和侵略給許多國家，尤其是亞洲諸國的人們造成了巨大的傷害和苦難。為了在將來不再重犯過去的錯誤，我坦誠地承認我國的這一段不容置疑的歷史事實，在此，我再一次表示深切的反省和由衷的道歉。並且向國內外所有因這段歷史而失去生命的人致以深切的哀悼。

這些首相談話雖然籠統地稱「過去一個時期」，但是都承認「殖民統治和侵略」是「錯誤的國策」，向「國內外所有」因「錯誤的國策」而「失去生命的人」表示「反省」的同時致以「哀悼」。可是，「追悼懇」的報告卻隻字不提「侵略」和「殖民統治」，**「國內外所有」**因**「錯誤的國策」**而**「失去生命的人」**，也換成了中性的「明治維新以後，在日本所參與的對外戰爭（戰爭和事變）中的死者」。說是要「從過去的歷史中吸取教訓」，但是對於「過去的歷史」的認識是極其不充分的。如果像這樣在模糊不清的歷史認識基礎上，把日本的軍人和受侵略國家的戰死者放在一起「追悼」的話，將無法逃避「把加害者與受害者相提並論」的批評（載南守夫〈「新崗亭」的歷史意義〉，見田中伸尚編前引書）。

04．追悼對象的資格

更為重大的問題，是有關這個設施所追悼的「戰後」的死者的問題。在前文引用的「追悼懇」的報告中有下面一段內容：「戰後，按照日本國憲法的規定，日本決心不再重複由於政府的行為而再度發生戰爭的慘禍，祈求日本與世界的永久和平。但是，在此之後，在日本所參與的以維護日本的和平與獨立、以保衛國家安全為目的的活動中，也有為數不多的人失去了生命」。設立新的國立追悼設施的目的，是為了「決不忘卻這些事實」，將他們和戰前、戰爭期間的死者放在一起，「我們必須牢牢記住，為了日本的和平，犧牲了許多寶貴的生命。為了實現日本和世界的和平，必須讓我們的後代也牢牢記住」。這一點在「追悼懇」的報告中得到了重申。

這個設施，是為了追悼在明治維新——它造就了日本近代國家——以後日本所參與的戰爭中死去的人，**在戰後維護日本的和平與獨立、保衛國家安全的活動中、以及日本所參與的國際和平活動中死去的人**，認識戰爭的悲慘性，為了再一次起誓不戰、祈禱日本與世界的和平而設立的國立的無宗教設施。

另一方面，「追悼懇」的報告這樣寫道：

戰後，根據日本國憲法，日本宣佈放棄戰爭，**因為在理論上日本不可能進行戰爭**，所以對於戰後的日本來說，**在從事有損於日本的和平與獨立、違背國際和平理念的活動中死去的人，理所當然不能成為這個設施的追悼對象**。

這段話是什麼意思呢？

比方說，海上保安廳的巡邏艇發現了一艘艦艇，這艘艦艇被認為是北朝鮮（朝鮮民主主義人民共和國）的「可疑船隻」，（巡邏艇對該艘艦）對其進行追擊和威懾射擊，受到對方的反擊，巡邏艇再一次進行射擊，將「可疑船隻」擊沉，船上所有人員死亡。在這種情況下，海上保安廳的活動就是「維護日本的和平獨立、保衛國家安全的活動」，如果（巡邏艇上）有人死亡的話，當然會成為追悼的對象。但是，死去的「可疑船隻」上的人，就成了從事「有損於日本的和平與獨立」的活動的人，就要被排除在追悼物件之外。

再比方說，作為多國部隊的一員在伊拉克從事活動的自衛隊員，與武裝遊擊隊發生交戰，雙方都有人員死亡。在這種情況下，死去的自衛隊員是「日本所參與的國際和平活動中的死者」，當然應該包括在追悼物件之中。而死去的伊拉克武裝遊擊隊員，則是「從事違背國際和平理念活動的人」，所以要被排除在追悼物件之外。

如果推而廣之的話，就是說在「戰後」，

（1）只要有表明「放棄戰爭」的憲法存在，日本的自衛隊（或海上保安廳）的活動就不可能是「戰爭」；由於它進行的是「維護日本的和平與獨立、保衛國家安全的活動」，所以永遠是正確的。

（2）與日本的自衛隊（或海上保安廳）相敵對的活動，由於是「有損於日本的和平與獨立，違背國際和平理念的行為」，所以永遠是不正確的。

（3）因此，日本的自衛隊（或海上保安廳）的死者能夠成為追悼對象，而與日本的自衛隊（或海上保安廳）為敵的戰死者，就要被排除在追悼對象之外。

太令人震驚了！「日本過去發動的戰爭」，無論是死去的日本人還是外國人，不加區別地都是新的追悼設施的追悼物件，但是，在「戰後」行使武力的過程中死去的人中，**只有日本人是追悼物件**，**外國人被排除在追悼對象之外**。為什麼呢？因為**死去的日本人**是為了「維護日本的和平與獨立、保衛國家的安全」、或者是在「日本所參與的維護國際和平」的活動中死去的，是在正確的武力行使中死去的。而**死去的外國人**，則是在「有損於日本的和平與獨立，違背國際和平理念」的**不正確的武力行使中死去的**。公開「哀悼」在「維護日本的和平與獨立、保衛國家安全的活動」中死去的日本人、以及在「日本所參與的維護國際和平的活動」中死去的日本人，從中當然會產生對死者「崇高的犧牲」的「感謝和敬意」。

這種邏輯，**與靖國神社的邏輯**——把作為「天皇的軍隊」的日本軍進行的戰爭永遠視為正義的戰爭、只彰顯這些戰爭中的死者——**一模一樣**。

值得注意的是，這種邏輯利用了日本國憲法中的「不戰誓言」。由於日本國憲法中有「放棄戰爭」的規定，所以，戰後「在理論上日本不可能進行戰爭」。即使行使武力，也始終是「維護日本的和平與獨立、保衛國家安全的活動，是日本所參與的維護國際和平的活動」，而不是「戰爭」。今後，即使對憲法第九條第二項進行修改、允許「擁有自衛隊」、承認「集團自衛權」，即使大規模行使武力，也屬於「國際貢獻」或「反恐活動」，而不是「戰爭」。就這樣，在「不戰誓言」之下，事實上一切戰爭都被日本國家正當化了。

在第二章中提到過，靖國神社屢次為「**鎮壓韓國暴徒事件**」中的死者、臺灣「**鎮壓騷亂**」中的死者、「**討伐**」滿洲「**匪徒和不逞鮮人**」中的死者舉行合祀。日本軍的這些活動在當時也沒有被視為「戰爭」，而是被視為為維護日本帝國或日本的傀儡國家「滿洲國」的「和平」、「獨立」、「安全」而進行的活動，被視為「反恐活動」。正如靖國神社公佈的〈列次戰役事變合祀祭神數〉所示，從「北清事變」、「濟南事變」到「滿洲事變」、「支那事變」，其中有不少實際上是戰爭，卻被稱為「事變」。比如，「滿洲事變」、「支那事變」都是在締結不戰條約之後，為了掩蓋侵略事實而把大規模的戰爭稱為「事變」的。在這些「事變」中，日本軍都是在「確立東洋的和平」這一當時的「國際貢獻」的名義之下作戰的。

可見，「維護日本的和平與獨立、保衛國家安全的活動」、「日本所參與的維護國際和平的活動」、「國際貢獻」是「反恐活動」，而不是「戰爭」，像這種把武力行使正當化的做法，決非始於今日。如果新的追悼設施對於自衛隊進行的「維護日本的和平與獨立、保衛國家安全的活動」、「日本所參與的維護國際和平的活動」的正確性不加懷疑、只追悼在這些活動中死去的日本人的話，那麼，它將會成為「第二個靖國」。

為了讓「國內外的人們能夠心無芥蒂地進行誠摯的追悼」，人們期待新的國立追悼設施能代替靖國神社。的確，使這個設施成為一個「無宗教」的設施，將過去日本參與的所有戰爭中的死者——無論是日本人還是外國人，也不分軍人還是普通百姓——都列為追悼物件，在這一點上，這個設施不同於靖國神社。但是，即使如此，這個追悼設施還是不能不成為「第二個靖國」。這不僅是因為它有意模糊了對於過去日本從事的戰爭的歷史認識，還在於「戰後」，尤其是把今後自衛隊的戰鬥行為**永遠**視為針對威脅日本和國際社會和平的非正義的行為所進行的正確的武力行使，只有在這一活動中失去生命的日本一方的死者，才能成為這個設施的追悼對象。在這一點上，顯然是「靖國的邏輯」的復活。而且，「和平憲法」作為不在場的證明，被巧妙地利用了。因為日本在戰後「放棄了戰爭」，所以在理論上日本不可能進行戰爭，因此，自衛隊的武力行使不是戰爭，而是「維護日本的和平與獨立、保衛國家安全的活動」、是「日本所參與的維護國際和平的活動」，所以永遠是正當的。

這難道是偶然的嗎？

雖然「追悼懇」的成員全都來自民間，但「追悼懇」本身是下屬於內閣官房長官的機構，「報告」本身，就是站在國家的立場上對設立新的追悼設施進行構思的產物。當國家試圖以「無宗教」的方式「追悼」在國家行使武力——自衛隊的武力行使正是如此——中的死者時，靖國的邏輯重新得到了體現，這決不是偶然的。靖國的邏輯包含了近代日本天皇制國家的獨特因素——尤其是國家神道的因素，如果除去這些日本獨特的因素的話，剩下的便是對任何一個國家都適用的普遍邏輯，即擁有軍隊、隨時準備對付任何可能發生的戰爭。

05．各國的追悼設施

如果從靖國神社的儀式中除去日本獨特的要素、除去近代日本的戰爭史上與此相結合的日本的獨特之處的話，靖國問題就變成了所有進行戰爭的國家所共有的祭祀戰死者的問題——無論它被稱為「追悼」，還是被稱為「祭奠」。這是因為，把在戰爭中「為祖國而死」的士兵們頌揚為英雄，表達對他們的「感謝和敬意」，「繼承他們的遺志」，動員國民參加新的戰爭，這種體制——也就是在第一章裡提到的《時事新報》社論〈應為陣亡者舉行大祭典〉中所表現出來的體制——不僅僅限於近代的日本，它是近代日本從西歐民族國家模仿而來的東西。

出生於德國、活躍於英美兩國的猶太裔歷史學家喬治．莫塞，對英國、法國、德國、義大利等近代西歐所有民族國家的「英靈祭祀」（worship of fallen soldiers）的歷史進行了研究（喬治．莫塞前引書）。莫塞指出，近代歐州的「英靈祭祀」即「追悼陣亡者」

的儀式最早起源於法國大革命。市民革命後成立的法蘭西共和國政府，為了動員國民參加擊退反革命勢力的干涉、保衛祖國的戰爭，積極地將戰死者彰顯為英靈。在法國大革命之前，參加戰爭的是國王、封建領主的雇傭兵，「為祖國而死」的觀念很微弱。大革命後出現了以法蘭西為「我國」的「國民」，成立了以保衛「我國」為目的的國民軍。此後，以前從來沒有參加過戰爭的農民、工匠等普通百姓被動員起來，參加了「保衛祖國」的自衛戰爭。

歐洲被拿破崙征服後，為了反抗法國的統治，在德國爆發了解放戰爭，德國也開始為那些為「保衛祖國」而戰死的士兵們舉行祭奠儀式、進行英靈祭祀。

在第一次世界大戰中，英靈祭祀達到了最高潮。民族國家都把「為祖國而死」視為神聖的事業，發動大規模的戰爭，造成了大量士兵的死亡。第一次世界大戰後，納粹德國極盡能事地將陣亡者彰顯為英靈，並巧妙地借此動員國民參加新的戰爭。由於納粹德國在第二次世界大戰中對猶太人進行了駭人聽聞的大屠殺，戰後，德國難以再進行將本國的陣亡者彰顯為英靈的活動。歐盟統合的推進逐漸淡化了民族國家之間的敵對關係，在第二次世界大戰後的歐洲，對陣亡者的祭祀活動趨於衰退。

由此看來，雖然各國的宗教背景和世俗化的程度不盡相同，但是，如果撇開各國的特殊性的話，那麼剩下的便只有「英靈祭祀」了。也就是說，各國都將本國的戰爭視為正義的戰爭（或者稱為「聖戰」），將戰爭中死去的本國士兵稱頌為英雄，要求其它國民沿著他們的路走下去。關於這一點，不僅在西歐諸國和日本是如此，就是在對日本的首相參拜靖國神社進行批判的韓國和中國也是如此。

在韓國首爾（漢城）的國防部大樓前，有一座巨大的戰爭紀念館，在這裡，從古代到現代，在與外敵作戰中死去的人們被彰顯為「護國的英靈」。還有，首爾有一座名叫顯忠院的國立墓地，這裡埋葬著在朝鮮戰爭中死去的韓國軍隊的許多陣亡者、抗日義兵鬥爭中的死者、以及上海臨時政府的死者。建造這個墓地，也是為了彰顯「護國的英靈」。在中國，北京郊外的盧溝橋有一座抗日戰爭紀念館，遼寧省瀋陽市有一座九·一八事變紀念館。在這些具有代表意義的抗日戰爭紀念館裡，都有彰顯與日本軍作戰的「愛國烈士」們的陳列品。當然，靖國神社所褒揚的侵略戰爭，與中國的抗日戰爭、韓國的義兵運動等自衛戰爭性質不同。不同的戰爭性質，構成了每個設施的特殊要素。

但是，如果側重於追悼陣亡者和祭祀英靈的裝置的話，和對侵略戰爭的紀念相比，對自衛戰爭的紀念表現出更加強烈的對「為祖國而戰」的士兵們的稱頌。

06．古代希臘的送葬演說

莫塞說追悼陣亡者和祭祀英靈的裝置起源於法國大革命，但是，事實決非如此。出生於波蘭的猶太裔歷史學家埃倫斯特．康托羅維奇（Ernst Kantorowicz）在題為〈為祖國而死〉的論文中，將這一概念以及在此基礎上進行的英靈祭祀的歷史追溯到古希臘、古羅馬時代（載埃倫斯特．康托羅維奇著、甚野尚志譯《為祖國而死》，美篶書房，一九九三年）。「為祖國而死」一語最早來源於拉丁文「Pro Patria Mori」，出自羅馬詩人荷拉提烏斯的詩篇。在第一次世界大戰期間，法國流行過一句民族主義口號，叫「mourir pour la patrie」，意思和這句拉丁文完全相同。

康托羅維奇指出，雖然古希臘和古羅馬的國家形態與近代國家完全不同，但是在古希臘和古羅馬時代，已經盛行彰顯為祖國而死的人，將他們神聖化。後來之所以曾經一度衰退，原因有二，一是由於基督教這一超越國家的宗教的傳入，二是因為在封建制度下，主人和扈從之間的主從關係佔據了主要地位。

但是，大約從十二、十三世紀起，王權統治下的歐洲進入了將「為祖國而死」者神聖化的新的高潮。進入近代民族國家時代後，作為戰爭意識形態的「為祖國而死」，最大限度地發揮了威力。但是在歐洲，這種觀念可以追溯到久遠的古代。古希臘最大的城邦國家雅典在伯羅奔尼薩斯戰爭開戰後，舉行了追悼陣亡者、祭祀英靈的儀式。在葬禮上，伯裡克利[3]發表了一篇著名的演說。下面這段演說詞引自歷史學家多鳩迪底斯的著作《戰史》（載久保正彰譯《世界名著》第五卷，中央公論社）。

> 許多曾經站在這個祭臺上致辭弔唁的人，都讚揚古人定下的在死者靈前致贊辭的慣例。也許他們認為**只有贊辭才配得上將生命埋葬在戰場的荒野之上的強者們**。但是，我認為，對於那些以自己的勇敢成為勇士的人，我們應

3　伯里克利：古希臘雅典城邦的政治家，雅典民主政治的代表人物（約西元前四九〇到四二九年）。

該以行為來顯揚他們的榮譽。正因為如此，現在，正如諸位所看到的，**國家建造了這座墓地**。

（中略）

我們毫不吝惜地把贊辭獻給我們遙遠的祖先，但是，我們要把更高的贊辭獻給我們的父親。因為我們的父親歷盡艱辛，拓展了前人留下的領土，並將它傳給了今天的我們。今天到場的每個人，每個正處在風華歲月中的人們，拓展了先人留下的國土，全面加強了戰備，使我們的國家無論在和平時期還是在戰爭時期，都達到了前所未有的繁榮和強大。在以往的戰鬥歷程中，我們和我們的父親們勇敢地擊敗了來自希臘內外的敵人，在某次戰爭中獲得了某塊土地，這些功績隨著一個又一個光榮的故事被傳揚，對於這些，諸位已經十分熟悉，在此不一一複述。

就這樣，這些市民們成為佩得上我們國家的名字的勇士。……每當你們為他們的偉大所感動的時候，你們要牢牢記住，是那些勇士們果敢地履行職責、勇敢地成就了這一偉業。**他們懷著為了國家即使倒在戰場上也在所不惜的勇氣和品德，獻出了一個市民所能奉獻的最崇高的東西。**

因為，**他們是為了公眾的理想而獻出自己的生命的，他們的名字永遠被人們稱頌，他們的軀體被埋葬在眾人矚目的墓地裡**。不僅如此，他們的英名，將常常被愛國者們通過語言和行動來稱頌。大地無處不是他們的墓地，他們的功勞不僅被銘刻在故鄉的墓碑上，而且被銘記在遙遠他鄉的活著的人們的心裡。

那些想要獲得比他們更高的英名的人應該知道，要想得到幸福就必須選擇自由之路，要想得到自由就必須選擇勇士之路，不**應該畏懼戰爭的艱險**。在痛苦絕望中掙扎的人，是不會**輕易拋棄自己的生命的**。人只有在擔心命運逆轉、擔心因此而失去現世的幸福的時候，才會忘記自己面臨的生命危險。因為對每一個有自尊心的人來說，懷著對祖國的信念戰死疆場，遠勝於因怯懦而在屈辱中遭受痛苦。

像以往的人們一樣，我在這裡向死者們致辭。他們應該受到的埋葬之禮已經圓滿結束，從今天起，國家將用國費撫養他們的子女，直到他們成年之日。**這是國家獻給經受住這般考驗的勇士們和他們的子女們的榮譽**。

伯裡克利的演說中提到的陣亡者們為之獻身的「公共的理想」，指的是雅典城邦的「自由」和「民主政治」。如果撇開這一點的話，伯裡克利在演說中使用的詞句，從本質上說與靖國思想沒有什麼區別。只不過是江藤所說的「哪一個國家都在」進行的陣亡者祭祀而已。所以，如果國立的非宗教的追悼設施建成之後，在那裡舉行追悼在為「維護日本的和平與獨立、保衛國家安全的活動」中、以及在「日本所參與的維護國際和平的活動」中死去的自衛隊員的話，追悼儀式上使用的詞句大概和伯裡克利的大同小異吧。當一個國家為那些「為國」而死的人舉行追悼儀式時，**只要這個國家擁有軍事力量、並且準備進行戰爭或行使武力**，那麼，總會使用「崇高的犧牲」、「感謝和敬意」這一類詞藻，「追悼」就必然不可避免地會成為「彰顯」。

歷史上有沒有哪一個國家不擁有軍事力量、不準備進行戰爭或行使武力呢？至少近代國家都擁有常備軍、隨時都準備進行戰爭或行使武力。戰後的日本也不例外，它擁有號稱自衛隊的軍事組織，始終都在準備進行戰爭或行使武力，現在更是在為此而做全面的準備。任何一個擁有軍事力量，有可能進行戰爭或行使武力的國家，**必然擁有彰顯戰死者的一套儀式**，通過這一儀式，將戰死的悲哀轉化為榮譽，以此來動員國民參加新的戰爭或武力行使活動。子安宣邦十分恰當地指出：「進行戰爭的國家必然進行祭祀」（載子安宣邦《國家與祭祀——今天的國家神道》，青土社，二〇〇四年）。我要附帶說一句，進行祭祀的國家必然進行戰爭。

具有諷刺意味的是，「追悼懇」的報告提交給福田官房長官後，被擱置一邊，幾乎完全沒有引起重視。由於現在靖國派在政治上占壓倒優勢，在近期內這個構想不大可能付諸現實。本來是小泉首相指示就設立新的國立的追悼設施問題進行討論的，但是首相本人卻一再說，由於新的國立的追悼設施和靖國神社並不矛盾，所以即使在新的國立追悼設施設立之後，也要繼續參拜靖國神社。這樣一來，問題又回到了原點。

07．個人的追悼、集體的追悼、國家的追悼

下面討論最後一個問題。

「追悼懇」的報告建議設立的國立的追悼設施很可能變成「第二個靖國」。但是，也許有人會這樣說：

「追悼懇」提出的方案只不過是關於新的國立追悼設施的眾多方案之一，不能因為方案沒有被全盤接受，就說關於在靖國神社之外設立國立的追悼設施的方案沒有價值。解決業已陷入僵局的靖國問題的方法，只能是建設一個任何人都能「心無芥蒂地」進行追悼的新的設施。

在「追悼懇」成立、提交「報告」的前前後後，一貫反對國家保護靖國神社、反對首相參拜靖國神社的一些市民和宗教人士認為，應該設立一個明確表示「不戰與和平」的新的國立的追悼設施。其中不少人對那些以往對此持反對意見的人進行了批判，批判

他們把「反靖國」等同於「反國家」、全面反對「國家」介入對戰死者的追悼。

例如，基督教徒稻垣久和指出，「戰後應該廢除」象徵天皇崇拜和軍國主義的靖國神社，在靖國神社成為宗教法人之後，也「應該反復重申（將靖國神社）與國家分離開來」。但另一方面他又指出：「要做到這一點，唯一的方法是由市民提議設立取代靖國神社的國立的戰歿者追悼設施，條件是「僅限於追悼在過去的戰爭中的死者」」（載稻垣久和〈從公共性角度論新的追悼設施〉，見前引《戰爭與追悼——關於靖國問題的提議》）。他說，對「政府」提出的設立新的追悼設施的方案，靖國支持派「理所當然」會提出反對意見，但是「對國家保護靖國神社持反對態度的佛教徒、基督教徒」對此提出反對意見，卻令他感到「吃驚」。

稻垣說，那些反對設立新的國立追悼設施的自由主義者、基督教徒、佛教徒們，由於過分強烈地反對「靖國的民族主義」，所以「陷入了個人主義的立場」，誤認為對死者的追悼屬於「每個人自己的問題」。他說：

（這些人）認為只要進行「個人或自己所屬的教會、教團的追悼」就行了，不願意和日本國內、國外的抱有不同思想、不同意識形態、認為有必要進行追悼的「他者」一起，共同體驗來源於日本過去的戰爭的「悲哀」。我認為，過去的戰爭是國家的行為，其責任應該由國家來承擔，應該有一個場所來表達創造和平未來的願望。這不是我堅持一定要由日本「國家」來進行追悼，而是為了促使國家面向外部世界、促使它與其他國家（他者）合作。

稻垣還提出了一個所謂「作為福利裝置的國家」的論點，主張從這一立場出發來討論有關「國立的追悼．祈禱和平設施」的問題。

從市民的立場出發積極提出建議，國家應該提供作為「國民福利」的土地和維持、管理費用。這也是國家承擔戰爭責任的一種表現。要做到這一點，必須改變以往的國家觀念，即不能僅僅把現代國家看成「自上而下」的一元性的

「主權權力國家」（權力裝置），而要把現代國家看成由多元主權構成的、以市民為主體的、分散的、「自下而上」的「福利增進機構」（福利裝置）。因為我們是按照社會契約來造就國家的，我們繳納稅金的理由也正在於此。

應該懷著回憶過去的戰爭、防止將來再度發生戰爭的決心，由市民自下而上地創造一個作為「國民的福利」裝置的國家。國立的追悼・祈禱和平的設施，難道不應該是這一過程中的一個環節嗎？（中略）如果僅僅把國家看成一個權力裝置的話，那麼，反靖國的市民運動始終只能是近乎自由主義的個人主義立場的運動，最終將無法提出替代方案，因而也就對當政者產生不了影響。

稻垣提出，應該懷著「讓國家為過去的戰爭承擔責任」、「防止將來發生戰爭」的決心開展運動。在這個意義上，他的建議有別於「追悼懇」提出的方案。因為在對待如何評價日本的「過去的戰爭」的問題上，「追悼懇」提出的方案態度曖昧、而且把「將來」的死者也設想為追悼對象。稻垣還提出，新的設施「有沒有被利用來彰顯殉國的戰死者、喚起民族主義情感、提高愛國熱情的危險」？關於這一點，他指出應該「充分認識到存在這種危險」。但是，即使如此，我也不能贊成這種意見。

我認為，在追悼或哀悼的問題上，並不一定要採取「個人主義」的立場。追悼或哀悼行為既可以是個人的行為，也可以是死者的家人或親屬進行的活動。由家人或親屬進行的祭奠活動已經構成一種集體行為，我們沒有理由否定這種行為。在這種情況下，家人或親屬在一定程度上共同擁有對亡人之死的悲哀。那麼，在造成許多人死亡、給死者們所屬的集團帶來重大影響的事件、災害、爭端或戰爭發生之後，社區、學校、公司、民族、國家等舉行追悼死者的活動——通常以某種儀式的方式進行，這決不是什麼不可思議的事。

就集體性的追悼或哀悼行為而言，我並不認為是什麼「壞事」。但問題是，事實上，追悼或哀悼活動越是超越個人、成為集體行為，越不可避免地會帶有「政治色彩」。當集團成為國家、追悼或哀悼活動成為國家的追悼、國家的哀悼活動時，這種

「政治色彩」就具有了某種重大的意義。為什麼呢？因為在現代世界裡，擁有軍隊的國家仍然是最重要的戰爭主體。當國家作為有能力從事戰爭的主體來「追悼」戰死者時，其「追悼」行為必然是通過向「為國家」而死的士兵致以「感謝和敬意」，將他們褒揚為國民的典範、從而成為為新的戰爭進行國民動員的彰顯行為。

從這一角度來看的話，「國立的追悼設施」必須具備什麼樣的條件，才不會成為接受新的戰死者的設施呢？那就是，在這個設施裡進行的「追悼」活動決不能是「彰顯」活動，必須徹底排除國家將「追悼」活動與新的戰爭聯繫起來的可能性。具體說來，**國家必須履行「不戰誓言」，真正放棄用以進行戰爭的軍事力量**。而且，為了使「不戰誓言」具有說服力，**國家必須切實地承擔起對「過去的戰爭」所應負的責任**。

08·如何建設一個以「否定戰爭」為目的的設施

就日本而言，如果政府切實地承擔起戰爭責任，遵守日本國憲法第九條的規定話，這個條件就具備了。但是，現實完全不是如此，相反，離這個條件越來越遠了。

稻垣說應該讓國家為日本過去的戰爭承擔責任，的確如此。但是，我們目前還沒有能力做到這一點。戰爭已經過去了半個多世紀，日本政府還未能在明確認識戰爭責任的基礎上確立歷史認識，在二十世紀九十年代出現的戰後賠償問題上，政府也一貫採取消極的態度（參看拙著《戰後責任論》，講談社學術文庫，一九九九年）。在〈治安維持法〉[4]之下受到鎮壓的人們——稻垣提到的「有良心的抵抗者」——至今尚未名譽恢復。首相多次參拜靖國神社，使國內外對日本政府在戰爭責任問題上的認識產生懷疑。稻垣說日本政府以「國民福利」的方式為國立的追悼設施提供土地和維持、管理費用，「是國家承擔戰爭責任的一種表現」，但是，把上面提到的一些本質性的問題擱置一邊，根本不可能是「承擔戰爭責任的表現」。

本來，按照憲法第九條的規定，日本即使在國立的追悼設施建成之後，也不能追悼在新的戰爭死去的人。但是，事實上，日本擁有自衛隊——其軍事實力在世界上屈指可數，而且根據日美安保條約，它又是世界上最強大的軍隊美軍的同盟軍，甚至還作為多國部隊的成員駐紮在伊拉克。憲法第九條變得日漸空洞，〈海外永久派兵法〉的制定、憲法第九條的修改也逐漸提上了議事日程。甚至連以自衛隊合乎憲法為前提的「專守防衛」[5]、「非核三原則」[6]等原則下實施的遏制性的安全保障政策都試圖要放

4 〈治安維持法〉：日本政府於一九二五年（大正十四年）公佈的關於懲罰以改變國家體制，否認私有產制為目的的結社活動的法律。該法律於一九四五年日本戰敗後被廢除。

5 專守防衛：指自衛隊只有在受到攻擊時，才能以防守為目的使用武力。「專守防衛」一詞出現於戰後，被認為是日本自衛隊的基本方針，至遲在一九五五年防衛廳長官在國會答辯中已經使用這一概念。近年來隨著日本向海外派遣自衛隊，日本國內圍繞「專守防衛」的定義問題出現了許多議論。

6 非核三原則：指一九六七年日本首相佐藤榮作在國會發表的在核武器問題上的三項原則。具體指不擁有、不製造核武器、不允許將核武器帶入國內。一九七一年，日本國會正式做出了關於「非核三原則」的決議。

棄。稻垣說應該「確認不戰的意志」、「懷著防止將來發生戰爭的決心」來思考有關設立新的追悼設施的問題。然而，現實卻越來越與之背道而馳。「追悼懇」的結論不僅在歷史認識問題上態度曖昧，事實上還預設會出現新的戰死者——因為不能以發生「戰爭」為前提，所以稱之為「死沒者」，這決不是偶然的。政府之所以要探討建立新的國立追悼設施這一問題，並不是像稻垣等人所期待的那樣是出於「不戰的意志」，相反，而是預設了自衛隊在上面提到的一系列事態中可能出現新的「戰死者」。

一九九九年五月公佈的〈周邊事態法〉，是「（日本）周邊地區發生緊急事態時，**為確保我國的和平與安全而採取措施**的法律」。在該法律生效前十天的八月十五日，當時的內閣官房長官梶山靜六發表了下面一段談話。

（日本）迄今為止還沒有一個所有的國民都能向為國捐軀者表示敬意的場所。**要建造一個場所，使所有的國民都能永久悼念為日本國家獻出生命的人**。這就是靖國問題的出發點。（中略）

一說到向為國捐軀的人們表示敬意，肯定會有一些人只看到其中「戰後總決算」的一面，我卻不這麼認為。在柬埔寨的PKO（聯合國和平維持活動）中殉職的高田晴行警視、在秘魯日本大使館官邸佔領事件中死去的秘魯的軍方人士，都是為了日本或日本人而失去生命的。**隨著日本國際作用的增大，也許還會有這樣的人出現。**

（載一九九九年八月十五日《朝日新聞》）

這段談話中已經包含了政府關於設立新的國立追悼設施的構想。很明顯，今後自衛隊中出現「在維護日本的和平與獨立、保衛國家安全的活動、以及日本所參與的國際和平活動中的死者」，也包括在其範圍之內。

我所關注的，是其中與設立這樣一個國立的追悼設施有關的意見，用稻垣的話來說，就是關於明確表明「戰爭責任」與「不戰的意志」的國立的追悼設施、以及為了做到這一點，而將追悼物件「限定在過去（的死者）」之上的意見。然而，要避免在此基礎上建立起來的國立的追悼設施成為「第二個靖國」，目前在日本還不具備這樣的必要條件。日本政府始終拒絕承擔戰爭責任，憲法第九條中的「不戰誓言」即將成為一紙空文，在現在這種狀況下，參與構思設立國立的追悼設施的方案，不能不說是一件十分危險的事。

持上述意見的人，或許認識到了不能無視日本的現狀，主張為了改變這一現狀，強調必須設立在表明「不戰之意志」和明確「戰爭責任」基礎之上的國立的追悼設施。稻垣說，應該「懷著回憶過去的戰爭、防止將來發生戰爭的決心，把國家看成由多元主權構成的、以市民為主體的分散的自下而上的國民福利」。此外，南守夫提出，應該以德國的國立中央戰爭犧牲者追悼所「新崗亭」為模式、在日本也設立一個以「反戰與和平」為目的的國立的追悼設施。他說：

如果說近代「民族國家是時時處於潛在的戰爭狀態中的國家」（語出西川長夫著作）的話，那麼應該說，在否定戰爭的日本國憲法中，已經蘊含著超越民族國家的可能性。如何使它成為現實，這是現在需要重新思考的問題。我們一方面希望未來最終不再需要追悼在作為國家行為的戰爭中死去的人，另一方面也要認識到，在相當長的一個時期之內，我們仍然不得不置身於民族國家之中。我們不應該只是在觀念上超越民族國家，還應該**努力使民族國家朝著反戰的和平主義的方向轉變**。同時還應該認識到，在試圖改變國家的種種途徑之中，也存在著一條「回歸國家」之路。我們要否定靖國神社式的國粹主義的排外主義的戰爭認識，**設立一個基於明確的反戰與和平主義立場之上的國立的追悼設施，是實現這一目標的一個不可或缺的步驟**。

（南守夫，前引論文）

我也認為，在「否定戰爭的日本國憲法之中」，蘊含著超越「時時處於潛在的戰爭狀態中的國家」的可能性，認為有必要「使民族國家朝著反戰的和平主義的方向轉變」。但是，我不認為「設立一個基於明確的反戰與和平主義立場之上的國立的追悼設施」是「實現目標的一個不可或缺的步驟」。

稻垣久和和南守夫都試圖通過建設新的國立的追悼設施，來改變日本國家的現狀，他們認為，日本國家在對戰爭責任的認識上、在實現「不戰」、貫徹平主義原則上都做得很不充分。但是，**日本國家只有在確立對戰爭責任的認識、確立「不戰」與和平主義立場之後，才有可能設立基於明確的反戰與和平主義立場之上的國立的追悼設施**。這裡遇到了一個根本性的難局，那就是，「設立一個基於明確的反戰與和平主義立場之上的國立的追悼設施」，不是「使民族國家朝著反戰的和平主義方向轉變」的「一環」或「一個不可或卻的步驟」。恰恰相反，要想「設立一個基於明確的反戰與和平主義立場之上的國立的追悼設施」，首先必須使「民族國家朝著反戰的和平主義的方向轉變」。

稻垣對國家的認識也存在問題。他指出，有必要進行「思維轉換」，即應該改變以往把現代國家看成「主權權力國家」（即作為權力裝置的國家）的觀念，應該把現代國家看成是「福利增進機構」（即作為福利裝置的國家）。他認為，如果國家是「福利裝置」的話，那麼，新設立的國立的追悼設施就不會有多大被戰爭或民族主義利用的危險。

然而，問題在於，第一，日本國家的現狀不允許進行這種「思維轉換」。在前面提到的擴展軍事力量的同時，作為「權力裝置」的國家，正朝著「彰顯為國捐軀者」、「喚起民族主義情感」、「提高愛國熱情」的危險方向加速邁進著。

第二，他們批評反靖國的市民運動僅僅把國家視為「權力裝置」，與此相反，如果不再把國家視為權力裝置的話，就無法認識到國家的危險性。現代國家無論怎樣加強其作為「福利裝置」所發揮的作用，國家作為「權力裝置」所發揮的作用既不會消亡，也不會減弱。就一個擁有軍事力量、隨時都能進行戰爭的國家而言，從「權力裝置」到「福利裝置」的「思維轉換」是無法實現的。

稻垣批判靖國反對派們說，他們因為「僅僅把國家視為權力裝置」而提不出「替代」方案，其結果運動始終「對當政者產生不了影響」。特薩·莫利斯·鈴木在〈對抗來自記憶與紀念的脅迫〉（刊載於《世界》二〇〇一年十月號）一文中建議人們「不要再在單一的場所、單一的日子裡、由單一的、自吹自擂的「我們」來進行紀念了」。在這篇文章發表之後，稻垣說：「我贊成單一的場所，但是反對在單一的日子裡、由單一的「我們」進行紀念」。但是，如果說「贊成在單一的場所（即國立的追悼設施），卻反對在單一的日子裡、由單一的「我們」進行紀念」是一個「替代」方案的話，那麼「不僅反對在單一的日子裡、由單一的「我們」（進行紀念），也反對在單一的場所進行紀念，認為應該在多種多樣的日子、在多種多樣的場所為戰死者舉行進行多種形式的追悼活動」，不也是一個「替代」方案嗎？只要避免使國立的追悼設施與新的戰爭相聯繫、成為追悼新的陣亡者的設施的必要條件尚未具備，那麼，反對設立這樣的設施、主張舉行沒有國家——它擁有軍事力量——干預的多種形式的追悼活動，也應該是一個「替代」方案。誰能說「替代」靖國神社的只能是國立的追悼設施呢？

09．一切取決於政治

現在，我們終於能夠看清問題的本質了。問題不在於設立什麼樣的國立的追悼設施。即使國立的追悼設施不是按照「追悼懇」提出的方案，而是站在明確的反戰與和平主義立場上、在明確的戰爭責任認識基礎之上設立的，這個設施還是無法避免自身成為「第二個靖國」。設施只是設施而已。**問題在於政治**。也就是說，問題的關鍵在於設立這個「國立的」追悼設施的「國家」，在涉及戰爭與和平的問題上如何利用、或者不利用這個設施。

無論國立的追悼設施建立在多麼明確的反戰與和平主義立場之上、多麼明確的戰爭責任認識之上，只要建立這個設施的國家在政治上有戰爭和民族主義傾向，那麼，這個設施隨時都會成為「第二個靖國」，從而動員國民參加新的戰爭。關於這一點，只要看一看隨著時代與政治傾向的變化而不斷變化著的歐美國家的追悼設施就行了。

例如德國柏林的「新崗亭」(國立中央戰爭犧牲者追悼所),現在,這個設施作為德國人「批判本國的戰爭是錯誤的戰爭、將戰爭中的死者不當作「英雄」、而當作「犧牲者」來哀悼」的設施,受到高度評價(載南守夫前引論文)。無論是德國人還是外國人,無論是軍人還是平民,凡是在納粹統治下死去的人,都被稱為「戰爭與暴力統治的犧牲者」(碑文)而受到追悼,設施中央樹立著一尊出自反戰雕刻家凱特・克爾維茨之手的青銅像,名為「懷抱著死去的兒子的母親」。南守夫認為,「國家在這個設施裡進行的追悼活動,具有否定戰爭的面向」,所以其中「蘊含了超越民族國家的可能性」(載南守夫前引論文)。

然而,恰恰是「新崗亭」的歷史清楚地告訴我們,問題不在於設施,而在於政治。「新崗亭」最早是普魯士王宮近衛兵的執勤室,在威瑪共和國時代成為普魯士州立陣亡者追悼所,納粹時代又成為「陣亡士兵的彰顯碑」。德意志民主共和國(東德)時期,這裡變成了「悼念法西斯和軍國主義的犧牲者的警告追悼所」,德國統一後成為現在的設施。「新崗亭」的歷史表明,在不同時期的國家政治意識形態之下,「新崗亭」的性質也大不相同，將來如果國家的政治狀況發生變化，這個設施的作用也可能會改變。說「新崗亭」反映了「國家進行的追悼活動具有否定戰爭的可能性」，可是，在科索沃戰爭中，德國不是已經在海外行使了武力嗎？

在這裡，我要再一次強調的是，在日本，要想使明確否定戰爭、明確戰爭責任的國立的追悼設施真正斷絕與戰爭的關係的話，必須做到由國家來切實承擔戰爭責任、履行憲法第九條的規定、真正放棄軍事力量。現實離這個條件還很遠，這個條件何時能具備，對此很難預測。但是，如果在目前遠離這個條件的狀況下建設國立的追悼設施的話，那麼，這個設施很容易會成為「第二個靖國」。因此，如果要讓國家承擔戰爭責任、消除未來的戰爭的話，首先應該做的不是建設國立的追悼設施，而是努力改變這個國家的政治狀況。

也有人主張，無須設立新的國立的追悼設施來替代靖國神社，而應該利用現有的千鳥之淵戰歿者墓地。一九五九年由厚生省設立的千鳥之淵戰歿者墓地，顯然是國立的戰死者追悼設施。這裡埋葬著從太平洋戰爭各個戰場上收集來的無人認領的大約三十五萬人的遺骨，類似於歐美的「無名戰士之墓」。

如果以千鳥之淵戰歿者墓地來替代靖國神社的話，就成了「國立的非宗教的追悼設施」。但是，誰也不能保證不是神道設施的「非宗教」的設施，就不會成為「第二個靖國」。由於擔心靖國神社的地位下降，日本遺族會等支持靖國神社的勢力，對於在千鳥之淵戰歿者墓地舉行追悼活動施加壓力。因此，千鳥之淵戰歿者墓地雖然是國家設立的設施，以往卻沒有受到重視。每年八月十五日前後，對靖國神社持反對態度的佛教、基督教等宗教的一些教派、以及屬於社民黨系統的團體等，以各自不同的方式在這裡舉行追悼儀式。因此，甚至可以說千鳥之淵戰歿者墓地帶有「對抗」靖國神社的色彩。然而，事實遠非如此。

在一九五九年三月二十八日，也就是千鳥之淵戰歿者墓地竣工之日，舉行了有昭和天皇和皇后出席的「莊嚴而盛大的禮拜儀式」。同年，還在這裡建起了所謂昭和天皇「御制」的詩碑，碑文是「緬懷殉國眾英烈 百感萬念湧心頭」。在墓地的中心建築六角堂的中央，安放著模仿日本古代豪族寢棺的陶棺，裡面存放著**昭和天皇贈送的金壺**，

壺裡裝的是象徵所有「大東亞戰爭」的死者遺骨的「象徵遺骨」。

人們常常強調的是，各種不同的團體可以按照各自的方式在千鳥之淵戰歿者墓地舉行祭奠儀式。下面是二〇〇四年秋由「（千鳥之淵戰歿者墓地）奉仕會」主持的秋季祭典的情形（引自「奉仕會」主頁）。

十月十八日（星期一），秋高氣爽，千鳥之淵戰歿者墓地奉仕會，迎來了**常陸宮**[7]**和常陸宮妃兩位殿下**，莊嚴而盛大地舉行了平成十六年度秋季祭典。

這一天，六角堂的墓前擺放著殿下下賜的大花籃，花籃兩側擺放著內閣總理大臣、眾參兩院議長、最高法院長官、各省廳大臣長官、各都道府縣知事、以及其他各方贈送的鮮花。下午一點整，兩位殿下在**陸上自衛隊樂隊演**

7 常陸宮：名正仁，昭和天皇之次子，平成天皇之弟。

奏的樂曲聲中蒞臨會場，儀式正式開始。

齊唱「君之代」後，齋藤宗道先生步入參道，在眾人的矚目之下，在墓前恭敬地獻上了茶。接著，**瀨島會長**起立致辭，說我們奉仕會今後要繼續努力，使墓地燈火長明，並傳給下一代。石橋一歌奉誦**昭和天皇御製的詩歌**，音羽搖籃會[8]的會員演唱完畢後，山崎副官房長官代讀了**小泉內閣總理大臣的追悼之辭**，其中說到要維持永久和平、決不再發動悲慘的戰爭、堅持「不戰」誓言。兩位殿下禮拜之後，**陸海空自衛隊代表進行祭奠參拜**，接著是來賓獻花、出席儀式者上香，儀式於下午二時許結束。

主持這一儀式的千鳥之淵戰歿者墓地奉仕會，是一個什麼樣的團體呢？該會在會長瀨島龍三之下有三名副會長，其中一名為東京都知事石原慎太郎、一名為宮內廳長官藤森昭一。三名理事長、常務理事都是**航空自衛隊和海上自衛隊的幹部**，理事中也有不少是**陸上自衛隊和航空自衛隊的幹部**。

以天皇為首的皇室、三權（立法、行政、司法）首腦、更重要的是自衛隊幹部，他們之間的結合是如此的緊密！自衛隊的幹部們自然也常來這裡進行「參拜」。如此看來，這個設施可以說已經在充分地發揮著「第二個靖國」的作用了。至少已經充分準備好要成為「第二個靖國」了。把它說成是「對抗」靖國神社的設施，是不是把問題看得太簡單了？

只要看一看沖繩的「和平之礎」，就知道戰死者追悼設施是多麼容易成為「第二個靖國神社」了。

「和平之礎」位於沖繩縣絲滿市摩文仁，於一九九五年六月二十三日，即「戰後五十年」沖繩祭典之日舉行揭幕典禮，墓地的石碑上銘刻著以沖繩之戰的死難者為主的戰死者們的名字。自「滿洲事變」後死於國內外戰爭的所有沖繩縣出身的戰死者的名字都被刻在了石碑上。沖繩之戰中的死者不分國籍、也不分軍事、文職人員和平民，名字

8 音羽搖籃會：一九三三年成立的童聲合唱團。

一律用死者的母語銘刻在石碑上。截止二〇〇四年六月二十三日，石碑上一共銘刻了二十三萬九千零九十二人的姓名，其中沖繩縣出身者為十四萬八千六百一十人，其他都道府縣出身者為七萬五千九百四十一人，美國出身者為一萬四千零八人，英國出身者為八十二人，韓國出身者為三百四十一人，朝鮮民主主義人民共和國（北朝鮮）出身者為八十二人，臺灣出身者為二十八人。

有人批評說，「和平之礎」將戰爭中的加害者與受害者的名字不加區別地銘刻在石碑上的做法，模糊了加害者的責任。關於這一點，德國的「新崗亭」也受到了類似的批評。針對這一批評，擔任「和平之礎」銘刻研討委員會委員長的石原昌家說：重要的是通過「如實記錄戰爭的事實」，「讓人們知道戰爭是多麼無益」。況且，在「和平之礎」之外還設立了沖繩縣和平祈禱資料館，將二者聯繫在一起，同時也一定能夠、而且應該理解戰爭原因和責任之所在（載石原昌家〈所有戰歿者刻銘碑「和平之礎」本來的位置與變質的動向〉，見前引《關於國立追悼設施的思考》）。實際上，「和平之礎」否定了只以本國軍隊中的軍事和文職人員為物件的「彰顯」的邏輯，將沖繩之戰的悲慘記憶與平靜

美國前總統克林頓（中）出席沖繩首腦會議時在「和平之礎」前發表演說時的情景，圖右為沖繩縣知事稻嶺惠一。

（攝於二〇〇〇年七月二十一日／每日新聞社提供。）

的、然而又是強有力的對和平的呼喚聯繫在一起。在這個意義上，它應該受到高度評價。正因為這一點，「和平之礎」才常常被作為在批判靖國神社的基礎之上構築追悼設施的模式。

但是，就連「和平之礎」也並非完全沒有「靖國化」的可能。關於這一點，石原昌家列舉下列事實，就「和平之礎」的「變質」問題向人們敲響了警鐘。他指出，隨著沖繩縣政治狀況的變化，美軍和自衛隊的高官身穿軍服，應邀出席在「祭奠之日」舉行的追悼所有戰死者的悼念儀式，美國總統克靈頓在「和平之礎」前發表的演說中說，是日美（軍事）同盟保衛著今天的和平；多次參拜靖國神社的小泉首相，在「和平之礎」前煞有介事地雙手合十，進行「參拜」；前往「和平之礎」的日本政府首腦決不會去參觀和平祈禱資料館（見前引《關於國立追悼設施的思考》）。一九九九年發生在和平祈禱資料館的陳列資料篡改事件[9]，也可以說是這股潮流的一部分。

以上這些都說明，就連「和平之礎」這樣的設施，**問題的關鍵也不在於設施本身**，**而在於政治力量如何利用設施**。我們不應該忘記，即使不是由國家、而是由不可能成為戰爭主體的集團設立的追悼設施，也隨時有可能被國家利用，有可能成為「靖國」。

9　和平祈禱資料館陳列資料篡改事件：一九九九年，和平祈禱資料館根據沖繩縣知事稻嶺惠一下達的「(陳列內容)不要過於反日」的指示，對陳列內容作了大幅度改動，刪除了「對朝鮮人、臺灣人的屠殺」和「日本軍對沖繩人的看法」等內容。此事引起了沖繩各界的強烈反對，沖繩縣政府為此進行了公開道歉。

結語

在日本剛剛戰敗後的一九四五年十月，石橋湛三撰寫了一篇題為〈廢除靖國神社之事——知難而發的建議〉的文章，此文作為社論刊載在他主辦的《東洋經濟新聞》上（同年十月十三日）。

戰前，石橋湛三站在保守的自由主義立場開展言論活動，以勇於批判軍國主義而著稱。他主張日本應該徹底放棄殖民地，「做好放棄一切的精神準備」，提倡「小日本主義」。戰後，石橋就任自由民主黨第二任總裁，於一九五六年二月出任首相。但由於石橋於次年二月病故，石橋政權短命而終。

一個由自民黨總裁而成為首相的人，在戰敗後立即提出「廢除」靖國神社的建議，這從今天的政治常識來看也許是一件不可思議之事。正因為如此，石橋的這篇文章，在今天仍然值得人們重新閱讀（二〇〇一年八月六日，在小泉首相即將參拜靖國神社之時，二十五位學者、新聞工作者發表了〈致小泉純一郎總理大臣的信〉，信中建議小泉參閱「你所屬的自由民主黨的總裁、曾經擔任過總理大臣的石橋湛三」的這篇文章，借此來表明他們對小泉首相參拜靖國的反對態度〉。

石橋在文章的開頭寫道：「經過對各方面情形的深思熟慮，我決意提出如下建議，那就是廢除靖國神社」。

為什麼要「廢除」靖國神社呢？下面將逐一引用該文的內容。

毋庸贅言，靖國神社自明治維新以來，按照軍國之需要，將陣亡英靈作為主要祭神，（天皇）陛下親臨祭典，盡參拜之禮，由此可知，靖國神社乃我國之重要神社。然而，目前我國已陷入此人人皆知之狀況，將來能否按照以往之禮儀舉行靖國神社祭典，著實令人懷疑。**而且，就我國目前之國際處境而言，能否允許將大東亞戰爭之陣亡將士永遠作為護國英雄來崇敬，並讚頌其武功？尚為疑問**。此外，大東亞戰爭之陣亡者中，尚有許多人未能祭奠在靖國神社。若按慣例一一調查、為其舉行隆重祭典，需時二至三年，且每年舉行數次盛大祭典。此事是否有實現之可能？聯合國不僅要解除我國有形之武裝，還要解除精神武裝。那麼，對於此事聯合國將持何種看法？萬一祭典因聯合國之干涉而被迫中止，則必使陣亡者蒙受屈辱，給國家帶來莫大恥辱與損害。

石橋從他一貫的實用主義立場出發，指出問題首先在於「我國的國際處境」，由於「大東亞戰爭」的失敗，已經難以將「大東亞戰爭」的陣亡將士作為祭神來祭祀，也難以將他們作為英靈來彰顯了。如果繼續舉行祭祀儀式的話，有可能「給國家帶來莫大恥辱與損害」。今天，中、韓等國從「甲級戰犯」合祀問題的角度對首相參拜靖國神社進行批判，說明日本的政治家至今尚未能理解日本的「國際處境」。

然而，問題不僅僅局限於國際關係方面。石橋繼續寫道：

即使撇開上述國際方面之要素，靖國神社是否應繼續保留？如前所述，靖國神社之祭神以明治維新後之戰歿者為主，尤以日清、日俄兩次戰役、以及此次大東亞戰爭之從軍者為多。然而，目下**大東亞戰爭已成奇恥大辱之戰爭**，幾乎招致亡國之禍，且使日清、日俄兩役之戰果蕩然無存。尤可憾者，在上述戰爭中獻出生命之人，吾等已不能**再為其行祭奠之儀**，**亦不能再稱其為「靖國」也**。既如此，如繼續保留此神社，後世之國民將以何種心情立於神社之前？僅為象徵屈辱、怨恨的陰慘之地而已。果若如此，為我國之未來計，此事決非上策也。

無疑，我國國民應徹底深刻探討此次戰爭之所以導致如此悲慘結局之原因，並從中吸取教訓。然而，不應始終對此次戰爭心懷怨恨。若抱有此種狹隘之思想，恐將無法獲知導致此次戰爭失敗之真正原因，亦無法建設新生之日本。吾等應轉變心念，發大誓願，**建設真正非武裝之和平日本**，並將此功德推及世界。因而，此種給國民留下永久怨恨之紀念物，無論有多重要，亦應徹底清除。推察戰歿者遺屬之心情，或立於戰歿者之立場，斷不會期望死者作為怨恨之神受到祭祀。

在石橋看來，這才是要求「廢除」靖國神社的最主要的理由。靖國神社的祭神多數——在今天已經是壓倒多數——是在「大東亞戰爭」中陣亡的將士。「大東亞戰爭」是「奇恥大辱之戰爭」，它「使日清、日俄兩役之戰果亦蕩然無存」。現在，祭祀著這場戰爭的戰死者的神社，已經不能再稱之為「靖國」神社了。因為所謂「靖國」，就是「使國家平安」，即保衛國家的和平，然而實際上靖國神社並沒有「使國家平安」。靖國神社不是「靖國」神社。它「招致亡國之禍」，使甲午戰爭和日俄戰爭的「戰果」蕩然無存。因此，這個神社所能留下的「僅為象徵屈辱、怨恨的陰慘之地而已」。

值得注意的是，「使日清、日俄兩役之戰果亦蕩然無存」一語，出自一向主張徹底放棄朝鮮、臺灣、樺太等殖民地的石橋之口。對於鼓吹「小日本主義」的石橋來說，這意味著他一貫的主張最終得到了實現。

石橋說「推察戰歿者遺屬之心情、或立於戰歿者之立場，斷不會期望死者作為怨恨之神受到祭祀」，這無疑與他自己就是「戰歿者之遺屬」不無關係。石橋的次子、海軍中尉石橋和彥於一九四四年二月六日在馬歇爾群島的卡瓦佳林島陣亡。石橋和彥本來是應該被合祀於靖國神社的，可是，作為遺屬的石橋湛三卻說「不應始終對此次戰爭心懷怨恨」，建議廢除靖國神社！

石橋在文章的最後一段裡這樣寫道：

與此相關，尚有一事附言。現今國家已不再進行戰歿者祭奠、或已無法進行戰歿者祭奠，在此情形之下，生者自無以安然度日。正如首相宮殿下[1]所言，此次戰爭之責任在全體國民。但亦有人指出，雖說責任在全體國民，然責任當有輕重之別。**至少滿洲事變後位居軍、官、民之指導地位者，無論其內心作何觀感，當難逃重罪**。然此輩仍位居政府要職，或以指導者自詡，不以為恥。即無聯合國之干涉，此事亦斷不可容忍。**靖國神社之廢除，決不應僅止於廢除靖國神社也**。

把「大東亞戰爭」看成一場「奇恥大辱之戰爭」，這種戰爭認識和石橋在戰爭責任問題上的主張是一致的。從本書第二章中提出的關於歷史認識問題的立場來看，石橋在

1 首相宮殿下：指戰後出任第一任內閣首相（一九四五年八月十七日至十月五日在任）的日本皇族東久邇宮稔彥。

戰爭責任問題上的認識還很不充分。雖然他也說是「至少……」，但他把問題局限在「滿洲事變以後」，這和東京審判所設定的時段是一致的。而且，「責任」是對誰而言的責任，這一點他也沒有明確指出。石橋雖然指出有「全體國民的責任」與「其中」「重罪者」的責任之別，但是沒有跡象表明他對於天皇的責任有所認識。然而，即使如此，在日本剛剛戰敗就指出「至少滿洲事變後位居軍、官、民之指導地位者」犯有「重罪」，並將這一認識與廢除靖國神社相聯繫，其意義也決不可低估。

從本書的角度看，尤其值得注目的是其中有關「**建設真正非武裝之和平日本**」的內容。在〈廢除靖國神社之事〉一文發表之時，後來成為日本國憲法基礎的麥克亞瑟三原則[2]（一九四六年二月）自不用說，就是在日本方面，包括政府、在野黨、民間人士在內，還沒有提出任何一個新憲法草案。即使在這個意義上，石橋所提出的「非武裝之和平日本」的設想，也是很有意義的。就本書的主題而言，這篇文章的重要之處，尤其在於石橋提出的「非武裝之和平日本」的設想和關於廢除靖國神社的議論之間的關係。我在本書第五章中提出，避免國立的追悼設施變成「第二個靖國」的必要條件，是「國家」

必須真正放棄戰爭，真正放棄軍事力量。石橋在多大程度上意識到了這一點，在此暫且不論，有一點可以確認的是，至少在剛剛戰敗之後的日本，已經有人將廢除靖國神社與建設「非武裝國家」聯繫在一起進行思考了。

石橋湛三提出的「廢除靖國神社」的建議，當時在日本沒有受到重視。從某種意義上看，靖國神社可以說實際上已經被「廢除」了。在石橋提出「廢除」靖國神社的時候，靖國神社還是「別格官幣社」，是陸軍省、海軍省管轄下的國家機構。「神道指令」下達後，國家神道被廢除，隨著日本國憲法關於政教分離規定的實施，靖國神社不得不做出選擇，要麼被廢除，要麼作為宗教法人繼續存在，靖國神社最終選擇了後者。這樣，作為「國立」彰顯設施的靖國神社，在法律制度上已經被廢除了。

但是，所謂廢除，畢竟只是就法律制度而言。在戰後，靖國神社與國家的結合明

2　麥克亞瑟三原則：GHQ（駐日盟軍總司令部）總司令官麥克亞瑟提出的關於制定日本國新憲法的三項原則，具體為以天皇為國家元首、廢除戰爭、廢除封建制度。

裡暗裡仍然在繼續著。靖國神社在戰後仍然一再舉行「靈璽奉安祭」、繼續著對陣亡者的合祀。如果沒有厚生省提供的陣亡者名單，靖國神社的合祀是無法進行的。今天，首相和內閣成員們仍以各種形式繼續參拜靖國神社，天皇對靖國神社的參拜也一直持續到七十年代末期。如果考慮一下上述這些作為國家的政治活動帶來何種後果這一問題的話，那麼，作為「國家機關」的靖國神社到底在何種程度上被廢除了，還是一個疑問。

與石橋提出廢除靖國神社的建議時不同的是，從法律上說，靖國神社已經不再是國家機構，而只是一個宗教法人，所以無法採取政治手段將其廢除。在一個自由的社會裡，宗教自由是必須受到保障的最重要的權利之一。反過來說，宗教自由只有在實現徹底的政教分離的前提之下才能得到保障。而且，宗教自由不應該成為任何人權侵犯行為的掩護。

只能從下面幾個方面尋求「靖國問題」的解決。

一，通過徹底實行政教分離，在名義上和實質上廢除作為「國家機構」的靖國神社，徹底根除類似於首相、天皇參拜靖國神社的國家與神社的結合。

二，靖國神社在宗教信仰上的自由當然應該得到保障，但是，靖國神社必須答應國內外遺屬們提出的撤銷合祀的要求。不能以宗教自由之名侵害要求以各自的方式進行哀悼的遺屬們的權利。

如果真正能夠做到這兩點的話，靖國神社將作為這樣一個宗教法人繼續存在下去，那就是，它裡面祭祀的僅僅是那些根據遺屬們的願望而被祭祀的戰死者。

在此基礎之上，

三，必須通過自由的言論，克服那種把近代日本進行的所有戰爭都視為正義戰爭的詭異歷史認識（靖國神社遊就館裡的陳列就是這種歷史認識的表現）。

四，為了防止出現「第二個靖國神社」，必須朝著非軍事化的方向不斷努力，以確保憲法中的「不戰誓言」真正得以實現。

後記

一九九四年十月的一天，當時在筑摩書房任編輯的井崎正敏找到我，約我給剛剛開始出版的〈筑摩新書〉系列寫一本書。

那以後書的題目一變再變，時光在不知不覺中飛逝而去。一九九八年十一月，青山昭彥編輯、二〇〇三年一月，伊藤大五郎編輯又來找我。我竟然給筑摩書房的編輯們添了十年的麻煩。如果眼前有個地洞的話，我真想鑽進去。

或許是上帝的恩賜，最終決定的題目的是我在一個時期裡最想寫的「靖國問題」。書的題目是定下來了，但總是找不到時間寫，現在總算寫出來了。想寫的內容大致都寫在書裡了。我在〈序言〉中也提到過，靖國問題現在陷入了泥沼，找不到一點頭緒。如果這本小書能使有關靖國神社的議論有所進展的話，我將感到十分高興。

書中的人名省去了敬稱。

本書在圖片和資料方面得到辻子實的幫助，我想借此機會表達感謝之意。

最早來找我的井崎、圍繞書的題目和我一再磋商的青山、以及從本書開始寫作起一直擔當具體編輯事務的、和我一起衝刺到今天的伊藤，我要向他們三位編輯致以衷心的感謝。

高橋哲哉

二〇〇五年三月七日

靖國神社何以成為「問題」——中國大陸簡體版代譯校後記

六十年一甲子。

在第二次世界大戰結束六十年的今日，由日本首相小泉純一郎一再參拜靖國神社而引起的一系列爭論，使靖國神社問題成為衡量戰後日本如何認識歷史的一個重要的指標。然而，在日本，「首相參拜靖國神社為什麼會成為一個問題，對此真正知道的人並不多。而且，連知道靖國神社是一個什麼樣的神社的人也為數很少。」高橋哲哉先生的這段話道出了他撰寫《靖國問題》一書的原因所在。

《靖國問題》一書在二〇〇五年四月出版後，多次再版，發行量超過二十八萬冊，登上了當年的暢銷書榜！在日本，有關靖國神社的書籍遍佈坊間，其中不乏立論深刻、考辨詳盡者。在民族主義思潮蔓延、輿論「右傾化」的日本，一本批判靖國神社的著作何以會產生如此巨大的反響呢？無疑，這既與日本首相不斷參拜靖國神社挑起的爭端相關聯，也和該書所討論的問題密不可分，而在我們看來，關鍵還在於作者以深入淺出的筆調戳破了日本社會一個人皆共知而又不甚了了的「常識」——靖國神社的戰爭責任和戰後責任問題。

在戰後日本的歷史演變過程中，圍繞靖國神社先後有過三次重要的爭論。從一九六九到一九七五年，自民黨關於靖國神社「特殊法人化」的國會提案掀起了軒然大波，贊成派和反對派針鋒相對，展開了一場戰後日本「最大的思想對決」（村上重良《慰靈與招魂——靖國的思想》，岩波新書，一九七四年），結果，靖國神社成為「特殊法人」的提案最終未能得以通過。第二次是一九八五年八月十五日中曾根康弘首相對靖國神社的「公式參拜」。這是中曾根首相在任期間第十次參拜靖國神社，也正是從這次參拜開始，日本政要的參拜活動招致了中韓等亞洲國家的抗議，從此，在日本政界形成了一個首相等政要在任期間不參拜靖國神社的「默契」。一九八五年圍繞靖國神社爭論的「解決」，一方面是因為中曾根政府顧及來自外部的其它國家的反應，另一方面還和日本國內輿論的掣肘有關，即「如果國家護持祭祀著這樣一些祭神（甲級戰犯——引者）的靖國神社，或者國家首腦正式參拜靖國神社的話，日本國民將會因以自己的手正式抹去第二次世界大戰的戰爭責任和戰爭犯罪而遭到來自世界的譴責」（大江志乃夫《靖國神社》，岩波新書，一九八四年）。

然而，在新世紀日本歷史翻開新的一頁之後，呈現在人們面前的卻仍是同一本舊書。二〇〇一年小泉就任首相後，打破了一九八五年以來日本政界要人不參拜靖國神社的「默契」，他不顧中韓等國家和人民的激烈反對，連續五年參拜靖國神社，從而導致中日兩國的關係冷至冰點，民間對立空前尖銳。與以往不同的是，小泉首相的參拜活動非但沒有在日本社會激起多大的波瀾，相反，小泉首相關於參拜靖國神社是基於個人信仰和日本文化傳統、別國（中國和韓國等）對此不應該說三道四的話語，還在日本社會產生了一定的共鳴。一個本來事關「政治正確」（political correctness）的問題，被轉換為國家主權和個人信仰的問題，這種修正主義的歷史修辭真的行之有效嗎？回答是否定的。日本著名的哲學家梅原猛在〈招致理性復仇的靖國參拜〉一文中警示道：「我認為首相參拜靖國，無異於想要使大教院（明治政府為進行宗教管理而設立的國家機構，在地方有中教院和小教院——引者）的亡靈復活。作為一國的首相，至少應該具有傾聽有識之士的意見、反省自身偏見的理性。無視權威憲法學者和宗教學者的意見，也不考慮外交影響，現在甚至拒絕司法機構的裁決而繼續參拜靖國神社，總有一天會招致理性的復仇。令人擔憂的是，小泉首相是不是在重蹈發動冠冕堂皇的魯莽戰爭、即使敗局已定也不住手、最後使日本遭到生靈塗炭的東條（英機）首相的覆轍」（《朝日新聞》二〇〇四年四月二十日）。不止如此，針對小泉首相參拜靖國神社，包括在日外國人和韓國、美國的戰死者遺屬在內二千多人將日本政府、小泉首相和靖國神社告上了法庭，「在第三次靖國問題上，這種來自民眾的、超越民族國家框架的質疑值得注目」（田中伸尚《靖國的戰後史》，岩波新書，二〇〇二年初版，二〇〇五年第七版）。

但是，這些聲音既沒有能阻止小泉首相的參拜活動，也沒有能喚起沉默的日本國民的關心。在戰後意識形態對立退潮，靖國神社問題日益遠離人們的日常生活世界的背景下，後者的「沉默」恰恰變相地支持了首相的參拜行為。《靖國問題》一書從超越「民族國家」的立場出發，試圖打破這種國家和民眾之間的曖昧勾連關係，將靖國神社何以成為「問題」條分縷析地展示出來。

本書由五個部分組成。

在第一章裡，作者將信仰靖國神社的情感作為一種「文化表像」來分析，特別指出近代國家通過「感情的煉金術」，如何塑造了國民的生死觀和世界意識之問題。靖國信仰隱瞞了戰死的悲慘和恐怖，在將戰死神聖化的同時，向陷入悲哀、無奈和怨天尤人的情緒之中的遺屬們提供了「光榮戰死」的意義，從而剝奪了遺屬作為普通人對親人之死抱有的悲痛情感。不難看到，小泉首相關於沒有死者的犧牲、就沒有今日日本的繁榮之類的言辭，正是以往通過祭祀戰死者的裝置來控制死者、從而達到支配生者的靖國話語的繼襲。

如果世界上只有日本一個國家的話，那麼，對於這樣的「哀悼共同體」，別人還真的不能「說三道四」。可是，日本軍國主義發動的戰爭不僅造成了自己國民的大量的傷亡，還造成了更多的其它國家人民的傷亡。無視他者感情的國家「哀悼」行為，必然會引起受害者的抗議和批判。由此，作者將話題移到如何認識戰爭責任的問題上。這是

第二章討論的主題。在日本，人們普遍認為中國政府以「甲級戰犯合祀」為由批判日本首相參拜靖國神社，乃是要徹底追究日本的戰爭責任。作者指出，事情恰恰相反，中國政府是想通過把問題限定在「甲級戰犯」這一點上，尋求達到某種「政治解決」。而有關甲級戰犯分祀的議論，不但不能深化人們對於與靖國神社有關的歷史的認識，反而妨礙了人們對靖國神社的本質和戰爭責任問題的認識，因為在日本人們通常所說的「戰爭責任」要麼是指對美國的戰爭失敗的責任，要麼是指東京審判所追究的一九二八年以後日本的戰爭責任。就靖國神社的歷史而言，從其建立之時起，它與近代日本國家進行的每一次戰爭都密不可分。甲級戰犯合祀問題只是與靖國神社有關的歷史認識問題的一個部分，應該追究靖國神社與日本近代殖民主義之間的關係。

靖國神社有著無法推卸的戰爭責任。那麼，在戰後日本轉變為民主國家的過程中，靖國神社是否也實現了與自身戰前歷史的斷裂呢？在第三章裡，作者做出了否定的回答。靖國神社依然堅持戰前的合祀邏輯，聲稱合祀乃是出於「天皇的意志」，並以此為由拒絕將「甲級戰犯」分祀出去，拒絕一部分遺屬提出的將親人的靈位遷出的要求。作者還指出，即使實現了「甲級戰犯」的分祀，小泉首相參拜靖國神社也沒有任何法理根據。回顧迄今為止涉及日本首相和其他官方人士參拜靖國神社的訴訟，雖然原告提出的賠償要求沒有一次獲准，但沒有一次判決認定以官方身份參拜靖國神社「合乎憲法」。仙台高等法院對岩手靖國訴訟作出的判決，福岡地方法院對小泉靖國參拜訴訟作出的判決，都明確認定參拜行為是「違憲」之舉。大阪高等法院對中曾根參拜訴訟所作出的判決，也認定其「有違憲之嫌」。

如此一來，非但靖國神社的歷史認識「政治不正確」，首相的參拜也沒有任何法理基礎，那麼，對於參拜者來說，唯一的可以引以為助的便是從「文化差異」上來進行自我辯解了。這種觀點從文化多元主義和相對主義的角度強調「日本文化」的特殊性，為甲級戰犯開脫罪行，使參拜行為正當化。這也正是小泉首相一貫主張的根據所在。對此，作者在第四章裡尖銳地指出，靖國神社不是從日本傳統文化中生長出來的，因為它的祭祀標準非但有違佛教祭奠敵我雙方陣亡者的「怨親平等」思想，而且，靖國神社不予祭奠的「敵」方死者，不只限於外國人，即使是「本國的死者」，如果屬於和天皇為

「敵」的一方的話，靖國神社也決不予以祭奠。因此，靖國神社的「祭神」可以說是在國家意志的作用下被挑選出來的特殊的戰死者——「選靈」。

既然靖國神社存在上述難以解決的問題，打開難局的方法就只有建立替代靖國神社並能為日本國內外所接受的「國立追悼設施」了。這是《靖國問題》第五章中討論的主題。在作者看來，用這種方法或許可以解決日本和中、韓兩國之間關於「甲級戰犯合祀」問題的爭論。但是，正如在本書第二章中已經討論的那樣，以政治手段謀求解決「甲級戰犯」問題，將會阻礙更為本質性的歷史認識問題的解決。作者認為，問題的關鍵不在於設立什麼樣的國立追悼設施，而在於政治，也就是說，國家在有關戰爭與和平的問題上如何利用、或者不利用這個設施，應該防止新設施成為「第二個靖國」。

本書出版於在小泉首相的參拜將靖國神社「問題化」之後，因此，出版不久就在日本國內吸引了數十萬讀者的關注，隨之，輿論的導向也發生了變化。日本發行量最大的保守派報紙《讀賣新聞》在二〇〇五年六月的「社論」中對小泉首相參拜靖國神社進行批評；該報業集團的會長、鷹派代表性評論家渡邊恒雄最近在與《朝日新聞》社論主筆若宮啟文的對談中，嚴厲批判靖國神社的歷史觀，要求明辨戰犯的戰爭責任，聲言要與一向反對首相參拜靖國神社的思想上的對手《朝日新聞》一起來「共鬥」（〈說靖國、道外交〉，《論座》二〇〇六年二月號）。儘管這些輿論還不足以化解日本政治的堅冰，但可以說靖國神社問題到了必須解決的時候了。而在討論靖國神社問題時，如果不直面本書所提出的問題，可以斷言，「靖國問題」就永無解決之日。

對於本書作者高橋哲哉先生，中國讀者恐怕還不太熟悉。高橋先生是東京大學哲學教授，研究德里達的專家。十年前，他開始從哲學角度介入關於戰爭認識和戰後責任問題的討論，出版了《記憶的倫理》（岩波書店）、《歷史/修正主義》（岩波書店）、《戰後責任論》（講談社）、《證言政治學》（未來社）、《心與戰爭》（晶文社）和《國家與犧牲》（日本放送出版協會）等多種著作，堪稱日本戰後出生的、研究戰爭責任和戰爭認識問題的最著名的學者。

我們上個世紀九十年代留學於東京大學，雖與高橋先生同在一個校園，卻沒有機緣得以相識。數年前，在東京大學召開的一次國際學術研討會上，孫江和高橋先生認識後有過短暫的交談。不久，高橋先生發來一個郵件，提及國內某家出版社想翻譯他主編的《歷史認識論爭》（作品社）一書，詢問我們能否幫助翻譯。我們立即應允可以承擔翻譯工作。此事後來由於出版社方面的原因而未果，成了我們懸在心頭的一樁事情。現在，《靖國問題》一書得以在國內出版，我們感到非常高興。其實，高橋先生的很多相關著作都值得翻譯出版，它們不僅有助於深化關於戰爭責任和戰後責任問題的思考，還為擺脫本質主義的日本觀，理解戰後日本社會提供了一個參照系。

本書由黃東蘭翻譯，孫江擔任校對。本書篇幅雖然不長，但論及的問題重大，我們不敢怠慢。在譯校過程中，我們查閱了許多與本書有關的論著和史料，前後花去了近半年的時間。日文版原著沒有注釋，為幫助讀者更好地瞭解本書的內容，譯者在各章添加了注釋。第四章中出現的「燈籠銘文」原由漢文寫成，燈籠現保存於福島縣會津若松市東明寺。《靖國問題》中的引文轉自今井昭彥博士的一篇論文，譯者通過今井博士與東明寺住持中村昌道取得聯繫，中村昌道主持寄來了銘文的漢文影本。在此謹向今井昭彥博士和中村昌道住持致謝。在翻譯過程中，高橋先生還認真解答了我們關於本書的一些疑問，對此，我們深表感謝。最後，我們還要感謝責任編輯葉彤先生對本書的翻譯出版所做的工作。

黄東蘭、孫江

二〇〇六年一月三十日

國家圖書館出版品預行編目 (CIP) 資料

靖國問題 / 高橋哲哉作 ; 黃東蘭譯 . -- 初版 . -- 新北市 : 遠足文化 , 2017.08-- (大河 ; 17)
ISBN 978-986-95006-8-5(平裝)
1. 神社 2. 歷史 3. 日本

273.41　　106012757

大河 17

靖國問題

作者——— 高橋哲哉
翻譯——— 黃東蘭
總編輯—— 郭昕詠
副主編—— 賴虹伶
編輯——— 王凱林、徐昉驊、陳柔君
通路行銷— 何冠龍
封面設計— 倪旻鋒
排版——— 簡單瑛設

社長——— 郭重興
發行人兼
出版總監— 曾大福
出版者—— 遠足文化事業股份有限公司
地址——— 231 新北市新店區民權路 108-2 號 9 樓
電話——— (02)2218-1417
傳真——— (02)2218-1142
電郵——— service@bookrep.com.tw
郵撥帳號— 19504465
客服專線— 0800-221-029
部落格—— http://777walkers.blogspot.com/
網址——— http://www.bookrep.com.tw
法律顧問— 華洋法律事務所 蘇文生律師
印製——— 呈靖彩藝有限公司

初版一刷 西元 2017 年 08 月
Printed in Taiwan